马克思主义经典著作解读丛书

Makesi Zhuyi Jingdian Zhuzuo Ji...

主编 / 王为全

国际共产主义运动的纲领性文献

《哥达纲领批判》

解　读

孙小杰◎编著

中国出版集团

现代出版社

图书在版编目(CIP)数据

国际共产主义运动的纲领性文献：《哥达纲领批判》解读／孙小杰编著.
—北京：现代出版社，2016.1（2025.1重印）

ISBN 978 - 7 - 5143 - 2070 - 1

Ⅰ．①国…　Ⅱ．①孙…　Ⅲ．①《哥达纲领批判》- 马克思著作研究
Ⅳ．①A811.24

中国版本图书馆 CIP 数据核字(2014)第 071978 号

作　　者	孙小杰
责任编辑	王敬一
出版发行	现代出版社
通讯地址	北京市安定门外安华里 504 号
邮政编码	100011
电　　话	010 - 64267325 64245264(传真)
网　　址	www.1980xd.com
电子邮箱	xiandai@cnpitc.com.cn
印　　刷	三河市嵩川印刷有限公司
开　　本	700mm×1000mm　1/16
印　　张	12
版　　次	2016 年 1 月第 1 版　2025 年 1 月第 3 次印刷
书　　号	ISBN 978 - 7 - 5143 - 2070 - 1
定　　价	48.00 元

目　录

第一章 《哥达纲领批判》相关情况

　　《哥达纲领批判》是一部继《共产党宣言》之后的马克思主义纲领性文献，在马克思主义发展史上具有非常重要的地位和价值。在本书中，马克思根据当时欧洲资本主义的历史背景和国际共产主义运动的发展状况，全面系统地批判了德国工人运动中的拉萨尔机会主义，厘清了科学社会主义思想与非社会主义思想的本质区别，阐述了工人阶级政党的理论基础和战略、策略思想，在此基础上对未来社会的实现途径、国家制度、发展阶段、以及分配制度作了原则构想。从整个国际共运史的发展来看，《哥达纲领批判》一直是世界各国共产党加强思想理论建设、克服各种机会主义的思想武器，发挥了广泛而深远的理论和现实影响。《哥达纲领批判》距今已经过去近140年，但是这篇经典著作至今仍具有重要的理论价值与现实指导作用，对我们今天建设中国特色社会主义仍有借鉴意义。

第一节　社会历史背景

一、德国当时的状况

　　德意志民族的产生是一个延续了许多世纪的过程。当我们古老的中华帝国经历了周、秦、汉、晋、隋、唐等王朝的更替，创造了辉煌灿烂的东方文明后，德意志的史册才刚刚翻开第一页。

　　德国历史开始于公元919年。在这一年，萨克森公爵亨利一世取得了东法兰克王国王位，建立了德意志王国。亨利一世的儿子鄂图一世继承王位后为了取得所谓上帝授予的皇权，于公元962年强迫教皇约翰十世在罗马给他加冕，称为"罗马皇帝"，德意志王国便称为"德意志民族的神圣罗马帝国"，史称"德意志第一帝国"。德意志民族的神圣罗马帝国始终不是一个中央集权的统一国家。随着地方封建势力日益强大，皇帝的权力便不断衰落，形成了不少小诸侯邦国。在这四分五裂的帝国中，最大的两个邦国是普鲁士和奥地利。

　　分裂的德意志　分裂的德意志保持着松散的政治联盟——德意志联邦，由35个君主国（巴登、巴伐利亚、萨克森等）和4个自由市（汉堡、不来梅、律贝克、法兰克福）组成。1848年欧洲资产阶级大革命，这年3月在德国柏林、维也纳爆发了大规模的革命，虽然也取得了一些胜利，如赶跑了专制统治者梅特涅，但最终并没有完成资产阶级自己的使命。马克思、恩格斯积极投身并从思想上领导了德国革命，提出了共产党在资产阶级民主革命中"消除分裂局面，建立德意志统一共和国"的任务。但由于德国资产阶级的软弱、无产阶级尚不成熟，这一美好愿望落空。

容克地主资产阶级化的改革成功　形势发展的结局是：原本属于革命对象的德国容克地主迫于形势发展的压力，自己动手进行了资产阶级化的改革，在封建主义的外壳下把德国推向了资本主义道路，并取得了极大的成功，从而推进了普鲁士的强盛，为德国统一奠定了基础。列宁把德国这种极具特色的社会发展方式称作"普鲁士的道路"。

三次王朝战争，德国统一　分裂的德意志由谁领导，通过什么形式实现统一？天性懦弱的资产阶级的软弱，在政治上、组织上都处于幼稚阶段的无产阶级，都没有力量领导这场势在必行的德国统一运动，别无选择，只有由最大的两个邦国或普鲁士王室或奥地利皇室领导，通过自上而下的王朝之间的战争来解决这一问题。19 世纪后半期，普鲁士通过三次王朝战争，实现了德国在普鲁士控制下的统一。第一次：1864 年对丹麦战争胜利，普鲁士和奥地利迫使丹麦割让石勒苏益格—荷尔斯泰因地区；第二次：1866 年普鲁士奥地利战争，史称"七星期战争"，奥地利败北，脱离德意志邦联，普鲁士统一了整个北中部德意志，建立由普鲁士主导的北德邦联；第三次：1870 年普法战争，普鲁士击败法国，1871 年 1 月 18 日，普鲁士国王威廉一世在法国凡尔赛宫加冕为德意志皇帝，统一的德意志帝国建立，史称"德意志第二帝国"。从此，分裂了 1000 多年的德意志民族，终于实现了梦寐以求的统一。

1871 年的德国统一，消除了德国工人运动中两大派别——由拉萨尔领导的全德工人联合会（拉萨尔派）和由奥古斯特·倍倍尔、威廉·李卜克内西领导的社会民主工党（爱森纳赫派）在德国统一问题上的策略分歧，从而使 1875 年两派的合并有了更为现实的基础，为两派的合并、德国社会主义工人党的创立创造了条件。

经济危机　德意志帝国成立不久就出现了经济繁荣的局面，法国的几十亿赔款也对此产生了促进作用，于是，帝国的经济实力快速增强，生产和贸易空前活跃。但是，1873 年爆发了世界资本主义经济危机，这次经济危机也席卷了整个德国，德国成了"外国所有过剩生产的堆放场"。德国普鲁士政府"铁血宰相"俾斯麦及时实行保护关税政策，对钢铁、木材、粮食和牲口实行进口税，不仅保护了本国市场，稳定了德意志帝国的经济秩序，而且还增加了德国的经济收入。

帝国实行中央集权统治，因此德国各邦号名义上保留，但已失去了以前的独立和权力。统一后的德国继续推行俾斯麦的现实主义政治达 30 年之久。对内鼓励工商业的发展，但在政治上实行高压政策，70 年代初发动"文化斗争"，打击天主教势力，取消了教会的相对独立权。1878 年颁布镇压社会民主党的"非常法"，德国社会民主党被迫转入地下，工人运动受到压制。对外推行"大陆政策"，力图孤立法国并使英、法、俄、奥、意等欧洲大国互相牵制，确保自己在欧洲大陆的霸权。1873 年促成了德、俄、奥"三皇同盟"，1882 年签订德、奥、意三国军事同盟。统一后的德国经济迅速发展，19 世纪末到 20 世纪初，其工业产值跃居世界第二位，资产阶级迫切要求扩大世界市场，参加瓜分世界的竞争。1888 年年轻的威廉二世即位，推行与俾斯麦不同的"世界政策"，力图在世界舞台上与老牌资本主义国家一争高低。1914 年德、奥挑起了第一次世界大战，与英、法、俄争夺世界霸权与殖民地。1918 年 11 月德国最终战败，国内发生"十一月革命"，推翻了帝制，成立资产阶级共和国，史称"魏玛共和国"。

德国历史进程表（统一的德意志王国建立到一战）

919 年	亨利一世建立德意志王国
962 年	鄂图一世建立德意志民族的"神圣罗马帝国"，简称"神圣罗马帝国"、史称"第一帝国"
1257 年	候选选举皇帝，查理四世主持，大小诸侯，混乱不息
16 世纪初	由于军事技术的发展，社会出现骑士暴动和农民起义
1618—1648 年	30 年战争，德意志遭受重创
17、18 世纪	普奥二强迅速崛起
19 世纪初	德意志人民呼唤统一
19 世纪后半期	三次王朝战争实现统一
1873 年	资本主义社会经济危机，"铁血宰相"俾斯麦及时实施保护关税政策，稳定了经济秩序，增加德国经济收入
19 世纪末 20 世纪初	德国工业产值跃居世界第二位
1888 年	威廉二世即位，推行"世界政策"
1914 年	德、奥挑起第一次世界大战，与英、法、俄争取世界霸权与殖民地
1918 年	德国最终战败，国内发生"十一月革命"，推翻了帝制，成立资产阶级共和国，史称"魏玛共和国"

二、德国社会民主党的初创

1. **全德工人联合会和德国社会民主工党** 1848 年欧洲资产阶级革命失败后，工人运动处于低潮。随着德国工业的迅猛发展，德国工人阶级队伍不断壮大，到 19 世纪 60 年代又开始复苏，工人运动重新高涨，并出现了工人阶级政党性质的组织。1863 年 5 月 23 日在德国莱比锡创立了以拉萨尔为主席的全德工人联合会（德国工人运动的拉萨尔派）。全德工人联合会是德国第一个独立的工人运动政治组织，在德国工人运动历史上曾经起过重大的进步作用。经过拉萨尔修订的全德工人联合会章程规定：联合会的主要组织原则是主席个人独裁，地方组织（公社）只能执行主席的决定，不享有任何权利。联合会的纲领仅限于争取普选权和合法的议会活动，反对阶级斗争，主张由国家帮助的合作社改善工人的生活；赞同在普鲁士领导下，通过王朝战争实现全德统一。它的建立是德国工人阶级摆脱资产阶级影响，建立自己的独立政党的重要步骤，对于唤起人起了一定的积极作用。但是，拉萨尔的机会主义严重阻碍了它的发展。1868 年 9 月被莱比锡警察当局查封，后迁往柏林活动。随着马克思主义的传播和国际工人运动的影响，先进的德国工人逐渐抛弃拉萨尔主义。1869 年 8 月，德国工人运动中的先进分子在威廉·李卜克内西和倍倍尔的领导下，在德国爱森纳赫城建立了**德国社会民主工党**（德国工人运动的爱森纳赫派）。主要领袖是倍倍尔、威廉·李卜克内西等。其纲领在主要问题上接受马克思主义观点，公开声明支持国际的纲领和领导，参加第一国际组织。主张通过自下而上的革命道路，推翻容克地主阶级的统治，实现德意志的统一。坚持无产阶级国际主义，支持巴黎公社的斗争，反对普鲁士军队对法国的侵略和掠夺。爱森纳赫派通过了自己的革命纲领，宣布参加第一国际；坚持无产阶级国际主义，主张通过自下而上的革命，推翻地主贵族的统治，实现德国的统一；积极为无产阶级的经济、政治利益而进行斗争，推动了工人运动的发展，在工人群众中的影响不断扩大。

2. **两派合并为社会主义工人党** 自从德国工人运动中出现两派——拉萨尔派、爱森纳赫派以后，广大工人就有了一种联合的要求。爱森纳赫派曾两次建议两派合并，但都遭到了拉萨尔派的拒绝。爱森纳赫派在实际的革命斗争中执行了马克思主义的正确路线，并越来越显示了自己的力量，表明它真正代表了工人阶级的利益。拉萨尔领导的全德工人联合会的广大成员逐渐觉悟起来，对拉萨尔执行机会主义路线日益不满，从而使拉萨尔派在政治上和组织上都面临全面瓦解的危机。进入70年代，德国工人运动的发展使普鲁士政府感到惊慌，他们深怕这"赤色的危险"会在德国引发另一个巴黎公社，于是，德国俾斯麦政府加紧了对工人运动的镇压：爱森纳赫派的地方组织遭到查封；拉萨尔派在1871年选举中失败，丧失了优越感。正是在这种情况下，拉萨尔派的领导们为了挽救全德工人联合会这一快要解体的组织，保住自己已经开始动摇的地位，才不得不主动要求同爱森纳赫派合并。

马克思、恩格斯对德国工人运动中的两派合并特别关注。他们认为，合并是好事，对工人阶级、对工人运动有利，但合并要有原则。马恩指出，只有建立在科学社会主义的理论原则、纲领路线的基础上的合并，才符合无产阶级利益。马恩一再告诫爱森纳赫派领导人倍倍尔和李卜克内西，在理论上，拉萨尔派没有什么值得学习的，也不应该同他们的机会主义妥协，不应该为图一时的成功而拿原则做交易，不应该被"团结"的叫喊所迷惑而仓促合并。马克思、恩格斯认为，为了工人阶级、工人运动的利益，为了共同的对敌斗争，爱森纳赫派可以与拉萨尔派建立临时的组织联系，在具体问题上达成共同的协定，但不要轻易地实施合并。同时，还要向工人群众继续揭露拉萨尔改良主义错误，以便达到德国工人运动在马克思主义革命原则基础上的思想统一。

1875 年 5 月，德国社会民主工党（爱森纳赫派）和全德工人联合会（拉萨尔派）在德国哥达城合并，并组建新党——德国社会主义工人党。德国社会主义工人党的建立结束了德国工人运动长期分裂的局面，有利于对付共同的敌人。但是，爱森纳赫派为了合并不惜拿原则做交易，合并起草的党纲（即《哥达纲领》草案）充满拉萨尔主义观点，既没谈无产阶级专政，也没谈未来共产主义社会的国家制度，而是充满了改良主义的幻想。但是，新党章程否定了拉萨尔主义的主席个人独裁组织原则，强调党内民主、集体领导和 3 个中央领导机构相互监督与制约。党的执行委员会由 5 人组成（其中，拉萨尔派 3 人，爱森纳赫派 2 人），作为党的最高领导机构；监察委员会（7 人组成）负责监督执委会的工作；仲裁委员会（18 人组成）负责调节上述两个机构。

3. **改名"德国社会民主党"**　1878 年，即德国社会主义工人党成立第三年，德国议会通过了俾斯麦提出的《镇压社会民主党企图危害治安的法令》，禁止德国社会主义工人党的活动，使社会主义工人党处于非法地位，1892 年，德国社会民主党（此时德国社会主义工人党已改名为德国社会民主党）又被恢复合法地位。德国社会主义工人党从成立之日起，不断受到各种机会主义的干扰，先是受杜林主义的困扰，1878 年"非常法"颁布后，党内又出现赫伯恩斯坦、希伯格、施拉姆的"苏黎世三人团"右倾机会主义和以莫斯特为首的"左"倾无政府主义，1890 年以后又受福尔马尔右倾机会主义和"青年派""左"倾冒险主义的影响。但是，德国社会民主党在马克思和恩格斯的关怀、帮助下，击败了各种"左"右倾机会主义，提高了党的战斗力。1890 年，德国社会主义工人党改名为"德国社会民主党"。德国社会民主党曾经是第二国际的骨干，对领导推动德国工人运动乃至整个国际工人运动发展发挥了积极的作用。

马恩逝世后，20世纪以来德国社会民主党的变化　马克思、恩格斯逝世后，德国社会民主党内部机会主义逐渐占据统治地位。第一次世界大战爆发，德国社会民主党堕落成资产阶级的工具。第二次世界大战德国社会民主党转为地下组织。二战后德国西占区与柏林的社会民主党代表在汉诺威召开党的代表大会，宣布重建德国社会民主党，并沿用1925年以马克思主义为指导思想的海德堡纲领。二战结束后1959年德国社会民主党又制定哥德斯堡纲领，摒弃了阶级政党和马克思主义原理，推行社会福利计划，主张社会市场经济。1966年，德国社会民主党与基民盟组合成大联合政府。直到1969年德国联邦众议院大选，德国社会民主党与自由民主党结盟，击败基民、基社盟，首度取得执政权，布兰德出任总理。1982年，基民联盟对施密特总理（德国社会民主党籍）提出建设性不信任案，致使施密特下台，基民盟的科尔获选新任联邦总理。1998年，德国社会民主党与绿党结盟，又击败持续执政17年的基民盟，施罗德出任联邦总理；到2005年，德国社会民主党又接连在各邦议会选举中失利，施罗德向联邦众议院提出信任案未获通过，于是，施罗德宣布解散议会，重新选举。重新选举德国社会民主党以些微多数败给基民盟，经协商，德国社会民主党与基民/基社盟共同组建大联合政府。

二战以后在西德，德国社会民主党起初处于在野位置，但是德国总理维利·勃兰特、赫尔穆特·施密特从1969年直到1982年领导了联邦政府。起初德国社会民主党反对西德于1955年加入北约（北大西洋公约组织）。在苏军占领区东德，德国社会民主党被迫与德国共产党合并为德国统一社会党。1989年苏东剧变后，东德的德国社会民主党重新回到独立政党状态，东德、西德两德统一后，东、西两德社会民主党合并。

德国社会民主党成长、发展、在历史上的合并，曾受到马克思恩格斯的指导、帮助，德国社会民主党至今仍奉马克思主义为其思想来源之一，但是德国社会民主党现在已经不主张暴力革命，放弃无产阶级专政。

德国社会民主党历史简表

时间	1863	1875	1890	一战	二战	二战后	1959	1969	1982	1998	2005
名称	全德工人联合会	德国社会主义工人党	德国社会民主党	德国社会民主党	德国社会民主党	德国社会民主党	德国社会民主党	德国社会民主党＋自由民主党结盟	基民盟	民主党＋绿党	民主党＋基民党＋基社党
事件	拉萨尔机会主义	爱森纳赫与拉萨尔合并	马恩关怀击败"左"右倾机会主义	分裂	转地下	沿用海德堡纲领	弃马克思主义福利计划和市场经济	执政布兰德任总理	施密特下台，科尔上	施罗德任联邦总理	联合大政府

三、拉萨尔机会主义的影响

拉萨尔（1825—1864） 德国早期工人运动领导人，全德工人联合会创始人，机会主义的代表人物之一。1825 年 4 月 11 日，拉萨尔出生于德国布雷斯劳（现弗罗茨瓦夫）的一个犹太富商家庭，少年时代聪颖过人，被称为神童，1864 年 8 月 31 日死于瑞士日内瓦。在德国柏林大学攻读哲学、语言学和历史，接受了黑格尔的唯心主义哲学体系，1844 年获哲学博士学位，后来成为律师。

1848 年欧洲革命期间，拉萨尔投身革命运动，为马克思主办的德国《新莱茵报》工作过，并曾被捕入狱。1849 年 2 月至 5 月，马克思、恩格斯四次以《拉萨尔》为标题，在《新莱茵报》中公开发表文章声援拉萨尔的革命斗争。革命失败后，拉萨尔从事律师工作，受理了哈茨费尔特伯爵夫人离婚案的工作，伸张了正义，获取了口碑。沉寂了一个时期的国际工人运动在 60 年代初又开始复苏，拉萨尔积极参加德国工人运动，1862 年拉萨尔发表《工人纲领》，1863 年发表《给筹备莱比锡全德工人代表大会的中央委员会的公开答复》（简称《公开答复》），这是拉萨尔的两部代表作。在这两部著作中，拉萨尔提出了一整套机会主义理论作为工人运动政纲的基础。拉萨尔机会主义的理论要点是：在资本主义制度下，工人阶级的贫困是由所谓"铁的工资规律"造成的。废除铁的工资规律是解放工人阶级的唯一道路，要走通这条道路，就要依靠现存国家的帮助，建立工人合作社，使工人获得自己的全部劳动所得，而这只有通过直接的、普遍的国家选举才能实现。1863 年 5 月 23 日德国工人运动组织——全德工人联合会成立，拉萨尔当选为联合会主席，此时，马克思、恩格斯在远离德国的英国。为了求得普鲁士国家的帮助和实现普选，从 1860 年 5 月起，拉萨尔多次与普鲁士政府首相俾斯麦密谈、通信，表示工人阶级"本能地感到自己倾向于独裁"，令其威望下降。19 世纪德国工人运动中的机会主义思潮，主要以拉萨尔为主要代表。拉萨尔认为无产阶级只要通过和平的、合法的斗争，争得普选权，就可以把君主专制国家变成自由的人民国家；否认无产阶级进行经济斗争、暴力革命的必要性。

拉萨尔主义 曾被称为"国家社会主义"（后来不再这样称呼）。在拉萨尔看来，国家是超越阶级、凌驾于全体人民之上的普遍利益的代表。拉萨尔宣称通过建立"工人合作社"就能实现社会主义，而要建立工人合作社，就必须依靠现存国家的帮助。这里，拉萨尔所期望的"国家帮助"不是来自于工人执政后自己的民主共和国，而是来自于现存专制国家——普鲁士政府，这无疑是不切实际的幻想。

为了笼络工人阶级、打击资产阶级自由主义，专制的普鲁士政府实行了一些提高工人福利待遇的政策，但如果因此无产阶级与普鲁士政府结盟，就等于工人阶级帮助巩固腐朽的专制统治。尽管拉萨尔向政府提出普选权，但是普鲁士政府不会做出太多的让步。

拉萨尔宣称存在着铁的工资规律，他说，工资的提高会刺激工人生育更多的子女，人口过剩，随着过剩人口的增多，劳动力增多，劳动力市场供大于求，工人工资将又被拉回到原来的水平。既然工资水平无法得到提高，那么工人就应该放弃为了提高工资的一切斗争，如罢工等。拉萨尔铁的工资规律理论不过是马尔萨斯人口论的翻版。马克思用其深厚的政治经济学学养指出，影响工人工资水平的因素是众多的，影响工资的规律也不是铁的，而且是富有弹性的。工人通过斗争是能够提高自己的待遇、改善自己的处境的。工人不应该放弃任何的斗争手段，包括合法、非法的各种斗争形式。

拉萨尔声称，除了无产阶级，一切阶级都是"反动的一帮"。所以，他反对无产阶级与资产阶级、小资产阶级、农民阶级联合起来推翻普鲁士专制统治。拉萨尔否认国家是实行阶级统治的机关，认为国家是超阶级的，通过现存国家的帮助，就能消灭资产阶级。马克思指出，当前德国最首要的任务是推翻普鲁士专制制度，只要德国资产阶级愿意推翻普鲁士的专制制度，无产阶级就应该同他们一起进行民主斗争。尽管无产阶级不可能因此获得政权，但却能为社会主义的实现奠定社会基础。而拉萨尔却要与普鲁士专制势力联合，要将工人变成为维护专制制度的帮凶。

拉萨尔主义用社会改良取代社会革命，用宗派运动取代阶级运动，甚至要将德国工人运动引上同普鲁士封建反动政府勾结、妥协的道路。拉萨尔逝世后，恩格斯在他的书信中写道：若不是拉萨尔过早去世，那么必将看到拉萨尔背叛无产阶级的一天。马克思也指出"拉萨尔的全部社会主义在于辱骂资本家，而向落后的普鲁士容克献媚"，是一种地道的"普鲁士王国政府的社会主义"。这一切后来得到了事实的证明，后世的历史学家发现了拉萨尔写给普鲁士政府俾斯麦的信，说明拉萨尔和普鲁士政府确实秘密接触过。

拉萨尔与马克思 同马克思相比，拉萨尔这个小马克思 7 岁的理论家，有着严重的弱点和不足。拉萨尔对德国古典哲学，特别是黑格尔辩证法的理解是肤浅的，他所写的《爱菲斯的晦涩哲人赫拉克利特的哲学》，没有跳出黑格尔唯心主义的藩篱，只是重复黑格尔关于赫拉克利特所说的那些话，并按黑格尔的思想修改赫拉克利特，完全没有自己的创见。马克思把拉萨尔的这本书叫作小学生作文；

拉萨尔对于政治经济学也缺乏深入研究，尽管马克思多次向他解释、介绍过自己的理论，并请他帮助出版了自己的《政治经济学批判》一书，但拉萨尔始终不能理解马克思对古典政治经济学的批判，不懂得马克思主义的剩余价值规律和工资规律，只是肤浅地谈论货币是价值的符号这类流行多年的一些简单经济学常识。

拉萨尔的社会主义没有达到马克思科学社会主义的水准，简单、粗俗。他的斗争策略强调了现实主义，但又常常同机会主义联系在一起，迷恋"合法手段"，过分相信普鲁士"铁血宰相"俾斯麦，险些将德国工人运动引向歧途。1862 年马克思当面批评拉萨尔的"依靠国家帮助工人建立合作社"的策略之后，二人矛盾极其尖锐起来，马克思认为此时拉萨尔已"无可救药"，断绝了与他的来往。

四、《哥达纲领》草案与《哥达纲领批判》

《哥达纲领》草案 1863 年 5 月，德国 8 个城市的工人代表在德国莱比锡成立了全德工人联合会，拉萨尔当选为联合会主席。拉萨尔的机会主义思想写入工人联合会章程，成了全德工人联合会的指导思想。1864 年 8 月，拉萨尔去世，拉萨尔的继承人约·施韦泽、哈森克莱维尔等人先后领导全德工人联合会，他们仍然推行拉萨尔主义。1869 年 8 月，德国工人运动的先进分子在德国爱森纳赫城召开代表大会，成立了德国社会民主工党，即德国工人运动的爱森纳赫派。1875 年 5 月 22—27 日，德国工人运动的全德工人联合会和爱森纳赫派两大工人组织选出的代表在德国哥达城召开两派合并代表大会。

对于两派的合并，马克思、恩格斯极为关心和支持，因为合并对整个德国工人运动有利；但是，马克思、恩格斯认为，要使合并真正对整个德国工人运动有利，爱森纳赫派必须坚持在科学社会主义原则的基础上同拉萨尔派合并，而决不能作无原则的妥协和让步、决不能"拿原则来做交易"；合并的首要条件是，要拉萨尔派放弃机会主义立场；如果拉萨尔派拒绝放弃机会主义的立场和路线，爱森纳赫派就只和拉萨尔派建立临时的组织联系，缔结一个反对共同敌人的行动协定，而不应该急于合并；继续在工人群众中揭发批判拉萨尔派的机会主义思想，进一步争取拉萨尔派的广大成员，使少数坚持拉萨尔机会主义的人更加孤立，为两派在革命原则基础上的统一创造条件。

可是，爱森纳赫派领导人李卜克内西等人听不进马克思、恩格斯的告诫，仍然醉心于同拉萨尔派无原则的和解与合并，他们同拉萨尔派的头目哈赛尔曼一起共同起草了一个浸透拉萨尔机会主义的两派合并、组建新党的纲领草案，准备供合并代表大会通过。这个纲领草案就是合并后组建的新党——德国社会主义工人党的党纲，由于合并召开代表大会组建新党是在德国的哥达城进行的，所以，这个党纲被称为《哥达纲领》。

《哥达纲领批判》 马克思、恩格斯看到《哥达纲领》草案后，非常气愤，他们立即给爱森纳赫派的领导人写信，对此纲领草案进行严厉的批判。1875年3月，恩格斯写信给倍倍尔，对纲领草案提出了尖锐批评，指出："这个连文字也写得干瘪无力的纲领中差不多每一个字都是应当加以批判的。它是这样一种纲领，如果它被通过，马克思和我永远不会承认建立在这种基础上的新党，而且我们一定会非常严肃地考虑，我们将对它采取（而且要公开采取）什么态度。"[①] 1875年5月5日，马克思给威廉·白拉克（爱森纳赫派的创始人和领导人之一）写了信，在信中尖锐地指出：党的纲领是"判

---

① 马克思恩格斯.《马克思恩格斯选集》（第三卷）北京：人民出版社，1972：第31页

定党的运动水平的界碑"，而这个合并的纲领却是一个"极其糟糕的、会使党堕落的纲领"①。同时，还寄出了《对德国工人党纲领的几点意见》，对这个会使党趋于堕落的纲领草案逐条、逐段进行批注、批驳，给予拉萨尔主义以彻底的批判和打击。

李卜克内西等人对马克思、恩格斯的正确批判不但不予考虑，而且采取消极抵制态度，意见未被接受。他们对《哥达纲领》草案只在个别文字上略加修改就通过了，成为新党——德国社会主义工人党的正式纲领，这就是充满机会主义的《哥达纲领》。

《哥达纲领》发表后，马克思、恩格斯本想发表一个公开声明，说明这个纲领同自己没有任何关系，以表明自己对纲领的原则立场。但是，当时德国的反动派并没有看出《哥达纲领》的机会主义实质，仍然把《哥达纲领》当作工人阶级的东西来看待，并对《哥达纲领》进行攻击；此外，一部分工人也只关心联合，也没有看出《哥达纲领》的机会主义性质，仍然把《哥达纲领》中提出的一些要求当作马克思主义的东西来理解。在这种情况下，马克思恩格斯为了顾全德国工人运动的大局，为了工人阶级的联合，采取了沉默的态度，没有发表公开声明，马克思寄去的《对德国工人党纲领的几点意见》即《哥达纲领批判》当时也未公诸于世。

1891年1月31日，《哥达纲领批判》公开发表在德国党的刊物《新时代》杂志上。此时马克思已经逝世，由恩格斯主持发表。合并事情已经过去了15年，恩格斯为什么还要公开发表《哥达纲领批判》这一历史文献呢？这是由当时形势发展的需要所决定的。

19世纪后期是资本主义发展相对稳定的时期，阶级斗争形势有

---

① 马克思恩格斯.《马克思恩格斯选集》（第三卷）北京：人民出版社，1972：第3页

所缓和，资本主义制度正由自由竞争资本主义向垄断资本主义过渡，资产阶级的统治策略也有所转变，他们把掠夺来的垄断利润的一部分用于收买工人贵族，培养工人运动中的机会主义分子。因此，当时各国共产党内的右倾机会主义思潮普遍滋长，并有日益发展之势。在德国，普鲁士政府于1890年宣布废除反社会党人法，并宣扬实行社会改良的"自由主义"政策。随着统治阶级策略上的改变以及德国社会民主党在国会选举中所获得的一些胜利，党内以福尔马尔为代表的右倾机会主义日益猖狂起来。他们公开吹捧统治阶级社会改良的"自由主义"政策，说什么政府能够"按全体人民的利益办事"，鼓吹可以通过议会道路，和平长入社会主义。

　　1890年反社会党人法废除后，德国社会民主党又开始公开活动，1890年10月，德国社会民主党在哈雷召开党的代表大会，决定起草一个新的党的纲领草案，提交给1891年即将在爱尔福特召开的党的代表大会讨论，以代替原来的党纲即《哥达纲领》。为了反击国际工人运动中和德国社会民主党内的右倾机会主义，使即将在爱尔福特召开的党代表大会能够制定出一个正确的党纲，恩格斯决定公开发表马克思15年前的《哥达纲领批判》，并为此写了序言。他在序言中指出："既然哈雷党代表大会已把哥达纲领的讨论提到了党的议事日程，所以我认为，如果我还延迟发表这个有关这次讨论的重要的——也许是最重要的——文件，那我就要犯隐匿罪了。"① 但恩格斯的正确决定还是遭到德国社会民主党领导人李卜克内西等人的反对和阻挠。恩格斯冲破重重阻力，迫使考茨基（当时党刊《新时代》杂志编辑）于1891年1月31日在《新时代》第1卷第18期发

----

　　① 马克思恩格斯.《马克思恩格斯选集》（第三卷）北京：人民出版社，1972：第1页

表了马克思《哥达纲领批判》和恩格斯为《哥达纲领批判》写的序言。

《哥达纲领批判》写于 1875 年 4—5 月间，当时题目为《对德国工人党纲领的几点意见》，原来题目为《德国工人党纲领批注》，所以，《对德国工人党纲领的几点意见》《德国工人党纲领批注》《哥达纲领批判》是 3 个不同名称的同一部著作。所谓"哥达纲领批判"即是"对《哥达纲领》的批判"。

《哥达纲领批判》是马克思主义同机会主义斗争的产物，它批判了拉萨尔的机会主义思想，同时也批判了以李卜克内西为代表的爱森纳赫派领导人对拉萨尔派机会主义无原则的妥协让步、拿原则作交易的投降主义思想和行为。《哥达纲领批判》是马克思晚年写作的一部伟大著作，是继《共产党宣言》之后国际共产主义运动的又一部纲领性文献。恩格斯在发表《哥达纲领批判》的同时，也一同发表了和《哥达纲领批判》一起寄给爱森纳赫派的领导人之一威·白拉克的信。

五、《共产党宣言》《资本论》发表

《共产党宣言》 1848 年马克思、恩格斯合著《共产党宣言》。19 世纪上半叶，资本主义生产方式在欧洲主要国家迅速发展起来。英国完成了产业革命，法国的工业革命正在进行，德国也迈进了工业革命的门槛。伴随着大工业的发展，资本主义基本矛盾日益显露出来，导致以生产过剩为主要特征的周期性经济危机。经济危机无情地摧毁了大量的社会财富，加深了无产阶级的贫困和苦难，促使无产阶级和资产阶级的阶级矛盾日益尖锐化。

19 世纪 30—40 年代，欧洲爆发了三次大的工人运动：1831 年、

1834 年法国里昂工人的两次武装起义，1836—1848 年英国工人的宪章运动，1844 年德国西里西亚纺织工人起义。三大工人运动标志着无产阶级已经作为一支独立的政治力量登上了历史舞台，由自发的阶级转变为自为的阶级。然而，由于没有马克思科学社会主义理论的指导，没有无产阶级政党的领导，这些工人运动先后都失败了。正是在这样的情况下，马克思和恩格斯适应无产阶级革命斗争的需要，总结工人运动的经验教训，写作和发表了《共产党宣言》，为工人运动、为无产阶级反对资产阶级的革命斗争指明了前进的方向，提供了强大的思想武器。

19 世纪 40 年代初，年轻的马克思、恩格斯亲自置身于工人运动，展开了深入的革命实践活动和巨大理论研究工作。马克思、恩格斯站在无产阶级的立场上，用无产阶级世界观和方法论，总结、继承人类优秀文化遗产，创立了马克思主义。在哲学上抛弃了黑格尔的唯心主义，批判地吸收了黑格尔辩证法的"合理内核"；抛弃了费尔巴哈的形而上学和历史观上的唯心主义，批判地吸收了他唯物主义的"基本内核"，并把唯物主义推向前进，贯彻到人类社会历史领域，创立了历史唯物主义。马克思、恩格斯运用唯物史观对资本主义制度进行了深入的分析，批判地吸收了英国古典政治经济学的劳动价值论，创立了剩余价值理论，具体揭示了资本主义社会发展的特殊规律。唯物史观和剩余价值理论是马克思一生的两大发现，为科学社会主义创立奠定了两大基石，而 19 世纪初期欧洲傅里叶、圣西门、欧文的三大空想社会主义则为马克思主义的科学社会主义的创立提供了宝贵的思想材料，成为科学社会主义的直接思想来源。

马克思、恩格斯在从事革命理论工作的过程中，无情地批判了各种非马克思主义思潮，同时，也为建立无产阶级政党进行了积极的宣传和组织工作。1846 年 2 月，马克思、恩格斯在比利时首都布鲁塞尔建立了"共产主义通讯委员会"，通过它与各国工人组织进行联系。马克思、恩格斯在同各国工人社会主义者、工人团体联系的过程中，特别关注到"正义者同盟"这个组织。"正义者同盟"这个组织是一个半宣传、半密谋的团体，它的指导思想是空想的、平均的共产主义，口号为"人人皆兄弟"，目的是企图通过密谋、发动少数人起义暴动，在德国建立"共产主义"。马克思和恩格斯通过"共产主义通讯委员会"与正义者同盟的一些成员建立了密切的联系，通过耐心细致的说服教育工作，以及开展对魏特林主义和"真正的"社会主义的斗争，正义者同盟的大多数领导成员逐渐认识到马克思恩格斯思想的正确性，并主动邀请马克思、恩格斯帮助改组正义者同盟。

1847 年 6 月，正义者同盟在伦敦召开代表大会，恩格斯应邀出席，马克思因经济困难没能出席。代表大会接受了恩格斯的建议，把"正义者同盟"改名为"共产主义者同盟"；用"全世界无产者，联合起来！"的口号代替"人人皆兄弟"的口号，并通过了《共产主义者同盟章程》。这次大会实际成了共产主义者同盟的第一次代表大会。共产主义者同盟的第一次代表大会还通过了恩格斯起草的《共产主义信条草案》，作为共产主义者同盟讨论的纲领草案。我们可以把这个草案看作《共产党宣言》第一稿。

1847 年 10 月底 11 月初，恩格斯对信条草案加以修改补充，写成了《共产主义原理》。它可以看作《共产党宣言》的第二稿。1847 年 11 月 29 日—12 月 8 日，共产主义者同盟举行第二次代表大会。马克思和恩格斯都参加了大会，会议围绕纲领问题进行了 10 天激烈的辩论，最后马克思和恩格斯的思想观点获得大会的一致通过。

大会委托马克思和恩格斯按宣言的形式为同盟制定纲领。1847 年 12 月马克思、恩格斯共同起草了《共产党宣言》，最后由马克思定稿。1848 年 2 月下旬，《共产党宣言》正式出版。

《共产党宣言》是国际共产主义运动的纲领性文献。它第一次完整系统地阐述了马克思主义的思想理论体系，是无产阶级革命政党第一个"周详的理论和实践的党纲"。《共产党宣言》系统地阐述了资本主义必然灭亡、共产主义必然胜利的社会发展的客观规律；埋葬资本主义旧制度和建设共产主义新制度是无产阶级的伟大使命，无产阶级是资本主义制度的掘墓人和共产主义社会的建设者；无产阶级革命、无产阶级的政治统治是无产阶级获得彻底解放的根本道路，《共产党宣言》声明："共产党人不屑于隐瞒自己的观点和意图。他们公开宣布：他们的目的只有用暴力推翻全部现存的社会制度才能达到"，无产阶级用暴力推翻资产阶级的反动统治后，必须建立无产阶级自己的政治统治，作为向共产主义过渡的重要条件。《共产党宣言》指出："工人革命的第一步就是使无产阶级上升为统治阶级，争得民主。"然后，"无产阶级将利用自己的政治统治，一步一步地夺取资产阶级的全部资本，把一切生产工具集中在国家即组织成为统治阶级的无产阶级手里，并且尽可能快地增加生产力的总量。"[1] 当生产力高度发达，彻底消灭阶级和阶级差别的条件成熟以后，国家自行消亡。此时，代替那存在着阶级和阶级对立的社会的国家的，"将是这样一个联合体，在那里，每个人的自由发展是一切人的自由发展的条件"。[2]

---

[1]　马克思恩格斯.《马克思恩格斯选集》（第一卷）北京：人民出版社，1972：第 293 页

[2]　马克思恩格斯.《马克思恩格斯选集》（第一卷）北京：人民出版社，1972：第 294 页

共产党是无产阶级实现历史使命的领导核心，共产党人的最近目标是使无产阶级形成为阶级，推翻资产阶级的统治，夺取政权，最终目标是消灭阶级和阶级差别，实现共产主义；《共产党宣言》最后以"全世界无产者，联合起来！"的国际主义口号呼唤各国共产党人和无产阶级团结起来，为实现共产主义而斗争。

《哥达纲领》没有吸收《共产党宣言》中的马克思主义思想

《共产党宣言》在理论上和实践上具有不可估量的意义。《共产党宣言》在它诞生的160多年时间里，发挥了不可估量的作用。遗憾并且被马克思恩格斯所不能容忍的是，在1848年马克思恩格斯发表《共产党宣言》后的1875年德国社会民主工党（爱森纳赫派）和全德工人联合会（拉萨尔派）合并为社会主义工人党的党纲——《哥达纲领》却没有吸收借鉴马克思恩格斯《共产党宣言》中的马克思主义思想，而是充满着拉萨尔机会主义、资产阶级庸俗民主、改良主义思想。因为《哥达纲领》没有吸收借鉴马克思恩格斯《共产党宣言》中的无产阶级革命思想，所以，马克思写作**《哥达纲领批判》，批判《哥达纲领》中拉萨尔的资产阶级改良主义思想。**

《共产党宣言》与《哥达纲领批判》：

区别　首先，写作背景不同：《共产党宣言》在欧洲三大工人运动失败以后，系统地总结了之前工人运动的经验和教训的背景下创作的，而《哥达纲领批判》是在爱森纳赫派即将与拉萨尔派合并的情况下写作的；其次，写作目的不同：《共产党宣言》是为了指导欧洲工人运动，使其由自发的斗争转向自觉的斗争，而《哥达纲领批判》是为了提醒爱森纳赫派领导人，拉萨尔主义实质上是机会主义的观点，拉萨尔派没什么值得学习的，合并时要坚持立场和原则；最后，核心内容不同：《共产党宣言》指出资本主义必然灭亡与社会主义必然胜利是同样不可避免的，无产阶级在夺取政权以后要继续发展生产力，共产主义社会达到自由人的联合体，而《哥达纲领批判》指出共产主义低级、高级阶段与社会主义按劳分配原则，工资的实质以及国家的阶级基础。

联系　首先，《共产党宣言》与《哥达纲领批判》都主张通过暴力革命建立无产阶级的政治统治；其次，都主张无产阶级通过阶级斗争与资产阶级进行最后的决战；再次，都主张无产阶级夺取政权以后坚持无产阶级专政；最后，都主张无产阶级国际主义即实现无产阶级的国际联合。

《资本论》　马克思一生的理论研究主题是实现无产阶级和全人类的解放，因而寻求人类解放的条件和道路，成为马克思终生理论探索的根本目的和任务。基于这种目的、任务，马克思的理论研究集中指向对使广大无产阶级受剥削、受压迫的资本主义社会本质的揭露和批判，只有无产阶级的解放才能实现全人类的解放。随着资本主义在欧洲的迅速发展，资本主义社会所固有的矛盾日益突显出来，马克思要深刻地剖析资本主义社会现实，则必须要到社会经济领域、到政治经济学中去寻求。因此，马克思开始了他长达40年的政治经济学研究。1858年，马克思写成了《1857—1858年经济学手稿》，通常称它为《资本论》第一稿。之后，马克思又写出了篇幅巨大的《1861—1863年手稿》，1864—1865年，他又补充了大量的经济文献和技术文献，写成了《资本论》第三稿。这时，《资本论》的总体系已经形成。1866年，《资本论》各卷初稿完成。1867年9月《资本论》第一卷正式出版，它是1859年发表的《政治经济学批判》的续篇。

马克思逝世后，恩格斯花费大量时间、精力整理了《资本论》

第二、三卷，并分别于 1885 年和 1894 年出版。恩格斯逝世后，受恩格斯的委托，考茨基在 1905—1910 年期间以《剩余价值学说史》为书名，将《资本论》的第四卷分三册陆续出版。

《资本论》阐明了马克思主义政治经济学的研究对象、目的、性质、方法；商品学说和商品拜物教（见《资本论》第一卷第一章）；资本的本质及劳动力商品理论（见《资本论》第一卷第四章）；雇佣劳动与剩余价值（见《资本论》第一卷第五章）；经济危机与信用理论（见《资本论》第三章流通手段、支付手段，《资本论》第二卷第九章，《资本论》第三卷第二十五章）；资本主义地租。

《资本论》第一卷出版后，恩格斯曾经评价说："自地球上有资本家和工人以来，没有一本书像我们面前这本书那样，对于工人具有如此重要的意义"①；它是"工人阶级的圣经"。100 多年前马克思的《资本论》，在当今世界的形势已发生巨大变化的情况下，仍然熠熠生辉，显示出历久弥新的风采！

然而，拉萨尔在 1863 年 3 月《给筹备莱比锡全德工人代表大会的中央委员会的公开答复》（简称《公开答复》），提出他的"铁的工资规律"，拉萨尔认为工资的提高会刺激工人生育更多的子女，出现人口过剩，而随着过剩人口的增加，劳动力的增多，工人工资将又会被拉回到原来的水平。这一铁的工资规律使工人的平均工资始终停留在一国人民为维持自身生存和繁殖后代、按照过去习惯所要求的必要的生活水平上。既然工资水平无法得到提高，那么工人就应该放弃为了提高工资而进行的一切斗争，如罢工、游行示威等。既然工人阶级的贫困化是由所谓"铁的工资规律"造成的，那么，

---

① 马克思恩格斯.《马克思恩格斯选集》（第二卷）北京：人民出版社，1972：第 269 页。

解放工人阶级的唯一道路，即废除铁的工资规律的唯一道路，就是依靠现存国家的帮助建立工人合作社，使工人获得自己的全部劳动所得，而这只有通过普遍的直接选举就能实现。拉萨尔铁的工资规律理论实质是马尔萨斯人口论的翻版。

在《资本论》中，马克思指出，资本主义社会，工人的劳动力成为一种特殊商品。劳动力是在活的工人人体中存在的，劳动力所有者——工人把自己的劳动力当作商品出卖，因为工人自身没有包含自己的劳动物化在内的商品可能出卖，工人除了自己的劳动力之外一无所有，而不得不把只存在于自己的活的身体中的劳动力本身当作商品出卖。"劳动力的买和卖是在流通领域或商品交换领域的界限以内进行的……原来的货币所有者成了资本家，昂首前行；劳动力所有者成了他的工人，尾随于后。一个笑容满面，雄心勃勃；一个战战兢兢，畏缩不前，像在市场上出卖了自己的皮一样，只有一个前途——让人家来鞣。"①　"让我们同货币所有者和劳动力所有者一道，离开嘈杂的、有目共睹的流通领域，进入隐蔽的生产场所吧！在这里，资本家不仅要生产使用价值，而且要生产价值，不仅要生产价值，而且要生产剩余价值。"②　资本主义生产过程是劳动过程和价值增殖过程的统一。资本主义生产方式下劳动过程显示出两个特殊的现象，第一，工人在资本家监督下劳动，工人的劳动属于资本家；第二，工人的劳动产品是资本家的所有物。劳动力商品的"独特的使用价值，即它是价值的源泉，并且是大于它自身的价值的源泉"。劳动力的价值和劳动力在劳动过程中创造的价值是两个不同的量，资本家购买劳动力时，正是看中了劳动力的价值和工人劳动创

① 马克思. 资本论〔M〕. 北京：中国社会科学出版社，1983：第 161 ~ 162 页
② 马克思. 资本论〔M〕. 北京：中国社会科学出版社，1983：第 161 页

造的价值这个差额。既然资本家购买了工人的劳动力,那么,工人劳动力的使用权也是属于资本家的。因此,资本家不仅要工人在必要劳动时间内,再生产出其劳动力价值的等价物,并且要超过必要劳动时间这个一定点,工人在必要劳动时间以上提供剩余劳动时间,在补偿劳动力价值的等价物以上创造出更多的价值。即工人的劳动不仅补偿了资本家购买劳动力的价值,而且为资本家生产出剩余价值。剩余价值理论是马克思一生的两个伟大发现之一。马克思通过剩余价值理论揭开资本主义生产、剥削工人剩余劳动的秘密。

马克思用深厚的政治经济学学养指出,影响工人工资水平的因素是众多的,影响工人工资的规律不是铁的,而是富有弹性的。工人通过各种形式的斗争是能够提高自己的待遇改善自己的处境的。工人应该不放弃任何斗争手段。拉萨尔铁的工资规律只看到了资本主义条件下工人受剥削、工资低、贫困化的现象,并把它归结为劳动力过剩,没有挖掘出造成工人贫困化的真正根源——资本主义雇佣劳动制度。

拉萨尔没有吸收《资本论》中的工资理论和剩余价值学说 拉萨尔对于政治经济学缺乏研究,尽管马克思多次向他解释、介绍过自己的理论,并请他帮助出版了自己的《政治经济学批判》一书,但拉萨尔始终不能理解马克思对英国古典政治经济学的批判,不懂剩余价值规律和工资理论。因为**拉萨尔没有吸收《资本论》中的工资理论和剩余价值学说**,所以,马克思写作《哥达纲领批判》,批判《哥达纲领》中的拉萨尔铁的工资规律。

《资本论》与《哥达纲领批判》的区别与联系:

区别 《资本论》主要提及商品学说,资本本质及劳动力商品,资本主义地租等内容,《哥达纲领批判》没有提到这些,主要批判拉萨尔"铁的工资规律"、"分配决定论"、批判"劳动是一切财富和文化的源泉"等观点。

联系 《资本论》与《哥达纲领批判》都提出工资的实质是劳动力价值和价格的转化形式；提高工资的方法都是无产阶级通过革命，推翻资产阶级的统治，建立无产阶级政权；都明确指出资本主义社会雇佣劳动与剩余价值生产的实质。

六、巴黎公社的经验教训

巴黎公社 1871 年巴黎公社起义摧毁了旧的资产阶级国家机器，建立了无产阶级专政的新型国家政权，它从无产阶级和劳动人民的根本利益出发，公布和实施了大量政治、军事、经济和文教方面的革命措施。**在政治军事方面**，公社首先废除资产阶级常备军，代之以人民武装，取缔了反动警察，打碎了司法机构和审判制度，建立了新的民事法庭和审判制度，改造了监狱。巴黎公社废除了资产阶级议会制，摒弃了三权分立的政权形式，而由立法、行政统一的公社行使权力。公社委员会是由普选产生的国家最高权力机关。下设执行、军事、公安、司法、财政、粮食、劳动与交换、对外联络、教育、社会服务 10 个委员会。公社委员兼任各委员会委员。

为了防止国家工作人员由"人民公仆"变成为"人民老爷"，公社采取了两项措施：公社的公职人员由普选选出，可以随时撤换；取消高薪制，国家公职人员的最高年薪不得超过 6 000 法郎，即相当于熟练工人的工资。**在社会经济方面**，公社采取了符合人民群众利益的措施：没收逃亡资本家的工厂，交给工人合作社管理；取消面包房工人夜班制；禁止当铺拍卖过期的典当物品，所有当来的 20 法郎以下的物品，一律无条件地退还原主；废除对工人的罚款和克扣工资；成立救济贫民的专门机构；设立劳动就业登记处；把逃亡资本家的住宅分给无住房的工人。以上规定具有鲜明的无产阶级性质。

在文化教育方面，公社也采取了一些革命性的措施：实行政教分离，没收教会所有的财产；把教士和修女一律驱出学校；实行义务国民教育，兴办职业学校，实行男女教师同工同酬。这一系列的文教措施，都是公社的伟大创举。巴黎公社高举无产阶级国际主义的旗帜，热烈欢迎外国革命者参加自己的战斗行列。许多匈牙利人、波兰人、奥地利人、意大利人、比利时人和俄国人等都参加了公社活动。其中如匈牙利工人弗兰克尔当选为公社委员，波兰的杰出革命家杜布罗斯基、符列勃夫斯基为防卫巴黎的司令员。公社明确表示反对侵略战争，毅然拆毁了拿破仑一世纪念战功的胜多姆广场上的"凯旋柱"。巴黎公社采取以上正确措施显示出无产阶级政权的性质。

公社的经验和教训 巴黎公社运动是世界历史上推翻资产阶级统治、实行无产阶级专政的第一次伟大尝试。为世界无产阶级运动起到示范作用，是马克思主义的伟大实践。巴黎公社运动给我们以下经验教训：1. 无产阶级掌握革命武装是取得革命胜利和实现无产阶级专政的首要条件。2. 无产阶级革命必须打碎资产阶级国家的军事官僚机器，建立无产阶级专政的新型国家机器。3. 无产阶级夺取政权以后，必须镇压剥削者的反抗，组织新社会的建设。4. 无产阶级如果不与广大城乡劳动者，特别是与农民结成广泛的联盟，革命就不能取得胜利，胜利了也不能巩固。5. 马克思主义政党的正确领导是无产阶级革命胜利的根本保证。1871 年，巴黎公社起义成功，工人阶级夺取了政权。巴黎公社是 19 世纪以来国际工人运动和科学社会主义运动的高峰和总结，同时它也使无产阶级反对资产阶级的斗争进入了一个崭新的历史阶段。巴黎公社吸收和归纳了历次工人运动的经验成果，从以往的民主共和要求、普选权主张以及 1848 年提出的建立"社会共和国"的要求，发展到武装夺取政权，打碎资产阶级的国家机器，建立无产阶级专政，成为 19 世纪最伟大的社会革命，产生了深远而广泛的影响。

巴黎公社的失败告诉我们，仅靠无产阶级自发的阶级觉悟还远远不够，必须建立一个以马克思主义理论武装起来的革命政党领导工人运动；同时要建立广泛的工农联盟。无产阶级革命是社会历史发展的必然，巴黎公社的历史经验教训为其之后的历次无产阶级革命提供了借鉴。

《哥达纲领》没有吸收借鉴巴黎公社的经验教训 与 1871 年巴黎公社几乎同期稍后的 1875 年德国社会民主工党（爱森纳赫派）和全德工人联合会（拉萨尔派）合并为社会主义工人党的党纲——《哥达纲领》草案却没有吸收借鉴巴黎公社的经验教训，而是仍然充满拉萨尔机会主义思想。

机会主义原意是指 19 世纪中叶法国政治生活中那些没有固定政治见解、随意改变政治态度的政党和政客。马克思主义者借用这个词语，指国际工人运动中背离无产阶级利益、主张同资产阶级实行阶级妥协的理论和实践。其后又有引伸，泛指各国共产主义政党内在思想政治路线上违背马克思主义的错误倾向。

巴黎公社之后出现的主要机会主义有：杜林主义、右派巴库宁主义、右派普鲁东主义、英国工联主义、拉萨尔主义等，其中影响最大、危害最烈者为拉萨尔主义，他否定无产阶级革命，主张通过合法手段国家帮助争取社会主义。1878 年俾斯麦非常法时期及其后的一段时间里社会主义虽然也受无政府主义干扰，但主要的机会主义是苏黎世三人团、可能派、议会主义、合法主义、伯恩斯坦主义、取消主义、考茨基主义。这些机会主义所持有的主张的共同点，是与资产阶级妥协、合作，其共同本质是右倾。1905 年俄国革命失败以后孟什维克对社会主义危害最大。1991 年苏东剧变以后，许多无产阶级政党抛弃了马克思主义，放弃了社会主义目标，甚至不使用共产党的称号。这些政党和个人的本质，也是右倾。《哥达纲领》草案既没谈到阶级斗争、无产阶级革命、工农联盟、夺取政权、打碎旧的国家机器、建立无产阶级专政，也没谈未来共产主义社会的国家制度，而是充满了争取普选权、"自由国家"，合法手段斗争，向现存国家提要求，依靠现存"国家帮助"建立生产合作社的幻想等资产阶级庸俗民主主义、改良主义主张（改良，原指去掉事物的个别缺点，使之更适合要求之义，暗含在现有的基础上修改，不包括推翻重来。改良主义是一种政治思想，一般来说，是作为暴力革命对立面而出现的。所谓革命，是要求从根本上改变事物的本质。所以改良主义排斥一切暴力革命，以温和的手段在细枝末节上对原有体系制度进行补充修定），完全退回到巴黎公社甚至是《共产党宣言》《资本论》发表前工人运动的水平。

第二节　出版情况

一、出版过程

马克思写于 1875 年 4 月底至 5 月初，因德国工人运动中的两派即爱森纳赫派和拉萨尔派将于1875年5月下旬在哥达举行合并代表大会讨论通过党纲草案，马克思对这个党纲草案作了批判。原名《德国工人党纲领批注》，后通称《哥达纲领批判》，在当时没有公开发表。1891年恩格斯为反对德国党内的机会主义思潮，帮助制定正确的纲领而发表，是科学社会主义的重要文献，它从理论上清算了拉萨尔主义，发展了科学社会主义。马克思第一次明确指出："在资本主义社会和共产主义之间，有一个从前者变为后者的革命转变时期。同这个时期相适应的也有一个政治上的过渡时期，这个时期的国家只能是无产阶级的革命专政。"第一次提出共产主义社会分为第一阶段和高级阶段。第一阶段只能实行按劳分配，高级阶段才能实行按需分配。"一个新纲领毕竟总是一面公开树立起来的旗帜。"革命的阶级有革命的纲领，反动的阶级也有反动的纲领。浸透了拉萨尔机会主义思想的哥达纲领，是一个代表当时德国地主，资产阶级利益的反动纲领，"这个纲领既没谈到无产阶级的革命专政，也没谈到未来共产主义社会的国家制度。"是个地地道道的大倒退，是对马克思主义的极大反动。马克思和恩格斯对这个纲领表现的断然退步，感到特别愤慨，马克思报病写下了《哥达纲领批判》这部伟大著作，"破字当头，立在其中"。在批判机会主义纲领的过程中，指出了无产阶级政党的战斗纲领。

1890年10月，德国社会民主党在哈雷召开党的代表大会，决定起草一个新的党纲草案，提交1891年即将在爱尔福特召开的党的代表大会讨论，以取代德国社会主义工人党原来的党纲即《哥达纲领》。为了反击国际工人运动中和德国社会主义工人党内的各种"左"右倾机会主义，使即将在爱尔福特召开的党的代表大会能够出制定一个正确的党纲，恩格斯决定公开发表15年前马克思的《哥达纲领批判》，并为马克思《哥达纲领批判》写了序言。1891年1月31日，《哥达纲领批判》公开发表在德国党的刊物《新时代》杂志上。此时马克思已经逝世，由恩格斯主持发表。

二、相关人物介绍

马克思（1818—1883） 马克思主义的奠基人，国际无产阶级的伟大领袖和导师，1818年5月5日出生于德国普鲁士莱茵省特利尔小城的一个犹太籍律师家庭。1835—1841年，先后在波恩大学和柏林大学学习法律。1837年，开始钻研黑格尔哲学，并加入青年黑格尔派的"博士俱乐部"。1841年大学毕业获哲学博士学位。1842年10月—1843年3月，任德国《莱茵报》主编。1843年6月，和燕妮结婚。同年秋，迁居法国巴黎，同卢格合办《德法年鉴》杂志。《德法年鉴》时期马克思发表的一些文章表明他已成为唯物主义者和共产主义者。马克思的两大发现——历史唯物主义和剩余价值学说，使社会主义从空想变成科学。1847年，马克思同恩格斯一起应邀参加"正义者同盟"，并将其改组为"共产主义者同盟"。同年出席共产主义者同盟第二次代表大会，受大会委托，同恩格斯一起起草了同盟纲领，这就是著名的科学社会主义的纲领性文献《共产党宣言》。《共产党宣言》的发表，标志马克思主义的诞生。1848年法国二月革命爆发后，马克思受同盟中央委托，在巴黎筹建新的中央委员会，并当选为同盟主席。4月，马克思回德国参加革命。1848年欧洲革命期间，马克思在科伦创办《新莱茵报》。革命失败后，马克思流亡英国伦敦。19世纪50—60年代，在极端困难的条件下，马克思完成了马克思主

义经济理论体系，1867 年发表《资本论》第一卷；《资本论》第
二、三卷由恩格斯于 1885、1894 年整理出版。1864 年 9 月国际工
人协会即第一国际成立后，马克思被选为总委员会委员，兼任德
国通讯书记。马克思为国际起草了成立宣言、临时章程和历届代
表大会的重要文件，是第一国际的实际领袖和灵魂。1871 年巴黎
公社革命期间，马克思受第一国际总委员会委托，写作《法兰西
内战》，系统地总结了巴黎公社革命的经验教训，发展了马克思主
义的无产阶级革命和无产阶级专政理论。马克思晚年致力于帮助
各国社会主义政党的成长和人事理论研究。1883 年 3 月 14 日，马
克思病逝于英国伦敦。

马克思的一生是伟大的一生，他和恩格斯共同创立的马克思
主义学说，指引了全世界劳动人民为实现社会主义和共产主义前
进的道路。恩格斯指出：马克思是"科学巨匠"，"首先是一个革
命家"，"赖有他才第一次意识到本身地位和要求，意识到本身解
放条件的现代无产阶级的解放事业，——这实际上就是他毕生的
使命"，马克思的名字将永垂史册。

恩格斯（1820—1895） 马克思主义的创始人，全世界无产
阶级的伟大导师和领袖，马克思的挚友，被誉为"第二提琴手"。

1820 年 11 月 28 日，恩格斯出生于德国莱茵省巴门市（今伍
珀塔尔市）。父亲是工厂主。1837 年 9 月正在读中学的恩格斯在
其父的坚持下辍学经商。1841 年 9 月至 1842 年 10 月，恩格斯在
柏林炮兵部队服兵役，旁听柏林大学的哲学讲座，参加青年黑格
尔派的活动。1844 年 2 月，恩格斯在马克思主编的《德法年鉴》
上发表《政治经济学批判大纲》。1844 年 8 月，恩格斯拜访侨居
巴黎的马克思，两人建立了伟大的友谊。同年 9 月，与马克思合

写《神圣家族》，1845—1846 年间两人合著《德意志意识形态》，这部著作是对历史唯物主义第一次系统的阐述。1845 年，恩格斯写出《英国工人阶级状况》一书，第一次明确地指出无产阶级所处的政治经济地位必然推动它去争取自身的解放；而社会主义只有成为工人阶级的政治斗争目标时才会成为一种政治力量。

恩格斯和马克思于 1846 年初在布鲁塞尔建立共产主义通讯委员会，同各国的社会主义团体建立联系，宣传科学社会主义。1847 年马克思、恩格斯应邀加入德国工人的秘密组织正义者同盟。恩格斯出席同盟在 6 月召开的第一次代表大会，向大会阐述科学社会主义的基本原理，把旧的同盟改组为共产主义者同盟。1847 年 12 月—1848 年 1 月，马克思和恩格斯合著的《共产党宣言》，第一次公开树起共产主义运动的旗帜，是一个周详的理论和实践的党纲，标志着马克思主义的诞生。

马克思 1883 年逝世后，恩格斯于 1889 年成立第二国际，继续领导国际工人运动达 12 年之久。恩格斯在晚年承担了整理、出版马克思未完成的《资本论》第二、三卷手稿的巨大工作。

恩格斯的主要著作有《反杜林论》《路德维希·费尔巴哈和德国古典哲学的终结》《自然辩证法》《家庭、私有制和国家的起源》等。

李卜克内西（1826—1900） 德国和国际工人运动的著名活动家。德国社会民主党和第二国际的创始人和领导人之一。出身于德国的一个官吏兼学者的家庭。1847 年，到苏黎世、巴黎。1848 年—1849 年回德国参加革命。巴登起义失败后。流亡瑞士和伦敦。结识马克思、恩格斯，接受了马克思的社会主义观，投入组织过流亡者的活动。1862 年回国，翌年参加全德工人联合会。

李卜克内西、倍倍尔等人在马克思、恩格斯的帮助下，展开了反对拉萨尔主义的斗争。1865 年，李卜克内西被全德工人联合会开除后，到莱比锡从事革命活动。第一国际成立后，主持德国分部的工作。

1867—1870 年，当选为北德意志帝国国会议员。19 世纪 80 年代，李卜克内西参加了第二国际的创建工作，1879 年 7 月 4 日在巴黎召开的国际社会主义者代表大会上，李卜克内西代表马克思主义者发言，批判了调和主义者，大会通过了他提出的决议案，拒绝了与可能派无原则的合并。1891 年召开的第二国际第二次代表大会上，李卜克内西就军国主义问题作了长篇报告，大会根据他的报告作出了决议。决议说："军国主义是资本主义制度的产物，……只有消灭资本主义制度，建立起消灭人剥削人的现象的社会主义制度，才能结束军国主义，奠定各国人民之间的和平。他的报告受到了无政府主义者和极左派的攻击。但它们的提案被大会否决。1900 年当帝国主义列强入侵中国时，发表了生平最后一次演讲，坚定支持中国人民的反侵略斗争。

李卜克内西的主要著作：《不要任何妥协》。

倍倍尔（1840—1913） 德国和国际工人运动活动家，德国社会民主党领袖和创始人之一。1840 年 2 月 22 日生于普鲁士，1913 年 8 月 13 日卒于瑞士格尔桑斯。1865 年 8 月结识 W. 李卜克内西，在其帮助下成长为社会主义者。1866 年同李卜克内西创建萨克森人民党，加入第一国际。次年当选为德国工人协会联合会主席，并促使该会于 1868 年参加第一国际。1867 年当选北德意志联邦议会议员，成为议会中第一个工人代表，坚决反对俾斯麦的"铁血政策"，主张通过自下而上的革命统一德意志。他和李卜克内西于 1869 年 8 月共同创建德国社会民主工党（爱森纳赫派），并制定了党纲。1866 年德国开始实行普选权。1870—1871 年普法战争期间，倍倍尔利用议会讲坛，反对俾斯麦政府的侵略和吞并政策，支持巴黎公社的革命事业。1870 年 12 月被捕入狱。1871 年 3 月被选入全德国会后，政府当局妄加以"叛国罪"剥夺其议员资格，1872 年 3 月被判两年徒刑，又以"侮辱皇帝罪"加处 9 个月监禁，直到 1875 年 4 月获释。1878—1890 年俾斯麦政府实施镇压社会党人的非常法期间，他把合法斗争与秘密斗争结合起来，使党在极困难的情况下得到巩固和发展。1879 年在瑞士苏黎世创办党的机关报《社会民主党人报》。1884、1887、1889 年倍倍尔都当选为帝国国会议员，在国会中捍卫工人阶级的利益。

90 年代末，倍倍尔投入创建第二国际的工作。1897 年，当选为党的执行委员会主席，批判伯恩施坦修正主义，捍卫党的科学社会主义的理论基础。倍倍尔反对帝国主义侵略战争，严厉谴责德帝国主义纠合八国联军侵略中国的罪行。1907 年，他在第二国际斯图加特代表大会上提出反对军国主义问题决议草案。晚年在战争、民族和殖民地问题上犯有中派主义错误。

倍倍尔的主要著作：《妇女和社会主义》《我的一生》等。

考茨基（1854—1938） 卡尔·考茨基 1854 年 10 月生于奥地利帝国的布拉格，其父是捷克画家，祖父也是画家，母亲是德国人，演员和小说家。考茨基 9 岁时，全家迁居维也纳。在多民族的奥地利帝国，考茨基自幼怀有激进的民族主义情绪，但也同情匈牙利人和意大利人，他很崇敬匈牙利民族英雄科苏特和意大利民族英雄加里波第。1871 年巴黎公社革命时期，他感到欢欣鼓舞。从此，对社会主义发生了兴趣，开始阅读社会主义书刊和小说。特别是法国女作家乔治桑的充满空想社会主义色彩的小说给考茨基以深刻的印象。后来，他又读了路易·勃朗的历史著作，他说从中获得关于社会主义的某些正面知识，并积极投身于工人阶级解放运动和社会主义民主公正平等价值的实现。他认为，"社会民主主义是工人运动与社会主义的结合"，其任务就是"使无产阶级的阶级斗争能够成为更自觉和更合目的斗争"。

社会民主主义活动家考茨基，亦是马克思主义发展史中的重要人物。考茨基是卡尔·马克思代表作《资本论》第四卷的编者，但此卷在西方和苏俄均不被认为尊重马克思原意。卡尔·考茨基是德国社会民主党和第二国际的卓越领导人之一，著名的马克思主义理论权威。考茨基在其论著中违背了马克思关于资本主义生产关系以及固有矛盾的核心论述，受到新康德主义以及拉萨尔主义影响，使第二国际逐渐远离马克思主义的原本论述，受到列宁以及西方现代重要知识分子的指责与批判。同时他对社会主义历史影响深远，并成为社会民主主义思想的重要思想来源之一。

考茨基的主要著作：1892年《爱尔福特纲领解说》、1898年《土地问题》、1908年《基督教之基础》等。

第三节 逻辑结构及主要思想

一、逻辑结构

《哥达纲领批判》全文共分4章，主要内容集中在第一章和第四章，这两章应是学习的重点，特别是第一章第三节关于分配问题的论述。下面分别简要介绍各章：

在第一章里，马克思主义逐条剖析了《哥达纲领》草案第一部分的 5 个条文，着重批判它鼓吹拉萨尔主义分配观点的错误，第一次阐明共产主义社会两个发展阶段的原理，并具体阐明社会主义时期的分配原则。

第一条，马克思批判了《哥达纲领》草案中"劳动是一切财富和一切文化的源泉""有益的劳动只有在社会中和通过社会才是可能的"的错误观点，进而批判他的结论："劳动所得应当不折不扣和按照平等的权利属于社会一切成员"。马克思一针见血地指出："劳动不是一切财富的源泉"，劳动只有在具备了相应的劳动对象和劳动工具的条件下进行，才能创造出财富。资产阶级为了掩盖资本主义的剥削，避而不谈生产资料这一先决条件，实际上是让工人阶级在不触动生产资料资产阶级私有制的前提下进行革命。

第二条，揭露《哥达纲领》"仅仅攻击资本家阶级，而不攻击土地所有者"的改良主义。

第三条，批判了《哥达纲领》关于生产资料所有制与分配关系的错误，科学地论证了共产主义第一阶段——社会主义社会的总产品和个人消费品的分配原则。

第四条，批判《哥达纲领》诬蔑农民是"反动的一帮"，阐明了农民是无产阶级的可靠同盟军。

第五条，批判《哥达纲领》中散布的资产阶级狭隘民族主义，阐明了无产阶级的国际主义思想。

在第二章里，马克思批判了拉萨尔"铁的工资规律"实质是与马尔萨斯人口论一脉相承的庸俗工资理论，重新阐述了马克思《资本论》中的工资理论和剩余价值学说，指出生产资料私有制、雇佣劳动制度才是无产阶级贫困化的深刻根源。

在第三章里，马克思批判了拉萨尔依靠现存"国家帮助"建立生产合作社的幻想，指出只有无产阶级的阶级斗争才能建立新社会。

在第四章里，马克思批判了《哥达纲领》争取"自由国家"的资产阶级民主要求，指出合法手段斗争、向现存国家提要求，是庸俗民主主义的废话、幻想，资本主义国家不是千年王国，资本主义国家这一最后的国家形式无产阶级和资产阶级阶级斗争会发生最后的决战，通过无产阶级革命夺取政权，实现无产阶级的革命专政。

二、主要思想

对书主要思想观点的把握是理解全书的关键，以下 18 个问题是《哥达纲领批判》中马克思重点阐述的思想：

1. 铲除资本主义私有制这个社会祸害；
2. 无产阶级革命首要任务是推翻专制制度；
3. 共产主义分第一阶段和高级阶段；
4. 过渡时期理论；
5. 社会主义按劳分配原则；
6. 共产主义按需分配原则；
7. 所有制形式决定分配形式；
8. 工农联盟是社会主义革命胜利的决定性条件；
9. 必须加强无产阶级的国际主义；

10. "铁的工资规律"是与马尔萨斯人口论一脉相承的庸俗工资理论；

11. 工资是劳动力价值的掩盖形式；

12. 雇佣劳动是无产阶级贫困化的根源；

13. 社会主义只能来自社会革命；

14. 无产阶级的阶级斗争才能建设一个新社会；

15. 国家的阶级本质；

16. 无产阶级的革命专政；

17. 资本主义国家不是千年王国；

18. 资本主义最后的国家形式阶级斗争将进行最后的决战。

三、马克思给威·白拉克的信

【原文】

1875 年 5 月 5 日于伦敦

亲爱的白拉克：

对合并纲领的下列批评意见，请您阅后转交盖布和奥艾尔、倍倍尔和李卜克内西过目。我工作太忙，已经不得不远远超过医生给我规定的工作时间。所以，写这么多张纸，对我来说决不是一种"享受"。但是，为了使党内的朋友们——而这些意见就是为他们写的——以后不致误解我这方面不得不采取的步骤，这是必要的。这里指的是，在合并大会以后，恩格斯和我将要发表一个简短的声明，声明的内容是：我们和上述原则性纲领毫不相干，我们和它毫无共同之点。

这样做是必要的，因为在国外有一种为党的敌人所热心支持的见解——一种完全荒谬的见解，仿佛我们在这里秘密地领导所谓爱森纳赫党的运动。例如巴枯宁还在他新近出版的一本俄文著作里要我不仅为这个党的所有纲领等等负责，甚至要为李卜克内西自从和人民党合作以来所采取的每一个步骤负责。

此外，我的义务也不容许我即使只用外交式的沉默方式来承认一个我认为极其糟糕的，会使党堕落的纲领。

一步实际运动比一打纲领更重要。所以，既然不可能——而局势也不容许这样做——**超过**爱森纳赫纲领，那就干脆缔结一个反对共同敌人的行动协定好了。但是，制定一个原则性纲领（应该是把这件事情推迟到由较长时间的共同工作准备好了的时候再做），这就是在全世界面前竖立起一些可供人们用以判定党的运动水平的界碑。

拉萨尔派的领袖们之所以跑来靠拢我们，是因为他们为形势所迫。如果一开始就向他们声明决不会拿原则来做交易，那么他们就**只好**满足于一个行动纲领或共同行动的组织计划了。可是并没有这样做，反而允许他们拿着委托书来出席，并且自己承认他们的这种委托书是有约束力的，就是说，向那些本身需要援助的人们无条件投降。不仅如此，他们甚至在召开**妥协的代表大会以前**就召开代表大会，而自己的党却只是在**事后**才召开自己的代表大会。人们显然是想杜绝一切批评，不让自己的党有一个深思的机会。大家知道，合并这一事实本身是使工人感到满意的；但是，如果有人以为这种一时的成功不是用过高的代价换来的，那他就错了。

况且，撇开把拉萨尔的信条奉为神圣这一点不谈，这个纲领也是非常糟糕的。

我将在最近把《资本论》法文版的最后几册寄给您。排印工作因法国政府禁止而耽搁了很久。在本星期内或下星期初本书可以印完。前六册您收到了没有？请把哈恩伯特·贝克尔的**地址**告诉我，我也要给他寄最后几册去。

《人民国家报》出版社有一种特别的习气。例如到现在为止连一本新版的《科伦共产党人案件》也没有给我寄来。

致衷心的问候。

您的**卡尔·马克思**

1875 年 5 月 22—27 日，德国工人运动的拉萨尔派和爱森纳赫派在德国哥达城召开合并代表大会，在合并前的 1875 年 5 月 5 日，马克思给爱森纳赫派创始人、领导人之一威廉·白拉克写了这封信，信连同对《哥达纲领》草案的批判即《哥达纲领批判》一起送给白拉克，并请白拉克转给盖布，奥艾尔，倍倍尔和李卜克内西过目，然后退还马克思。

马克思给白拉克的信的意义在于，向爱森纳赫派表明自己对新党纲《哥达纲领》草案的态度，告诫他们"在合并大会以后，恩格斯和我将要发表一个简短的声明，声明的内容是：我们和上述原则性纲领毫不相干，我们和它毫无共同之点。"[1] 指出《哥达纲领》草案存在的拉萨尔机会主义的错误，希望他们注意改正，用马克思主义而不是用拉萨尔庸俗民主主义、改良主义指导工人运动。

马克思认为，德国社会主义工人党新党纲《哥达纲领》起草太仓

---

[1] 马克思恩格斯.《马克思恩格斯选集》（第三卷）北京：人民出版社，1972：第 3 页

促，"制定一个原则性纲领"，"应该是把这件事情推迟到由较长时间的共同工作准备好了的时候再做"，因为制定党纲是一件及其重大严肃的事，"是在全世界面前竖立起一些可供人们用以判定党的运动水平的界碑"①。马克思尖锐地指出：《哥达纲领》是一个"极其糟糕的、会使党堕落的纲领"，"把拉萨尔的信条奉为神圣"。另外，爱森纳赫派对待合并也存在策略问题，既然拉萨尔派的领导们为形势所迫，主动跑来靠拢我们，我们应该"一开始就向他们声明决不会拿原则来做交易"，而不是"向那些本身需要援助的人们无条件投降"，这种用过高的代价换来一时的成功是不足取的。

连同这封信一起送给白拉克的《哥达纲领批判》对《哥达纲领》具体的、逐条进行了批驳，给予了拉萨尔机会主义以彻底的批判和打击。

四、恩格斯写的《序言》

【原文】

这里刊印的手稿——对纲领草案的批判以及给白拉克的附信——曾于1875年哥达合并代表大会召开以前不久送给白拉克，请他转给盖布，奥艾尔，倍倍尔和李卜克内西过目，然后退还马克思。既然哈雷党代表大会已把关于哥达纲领的讨论提到了党的议事日程，所以我认为，如果我还迟延发表有关这次讨论的重要的——也许是最重要的——文件，那我就要犯隐匿罪了。

---

① 马克思恩格斯.《马克思恩格斯选集》（第三卷）北京：人民出版社，1972：第4页

但是，这个手稿还有另外的和更广泛的意义。其中第一次明确而坚定地表明了马克思对拉萨尔从他开始从事鼓动工作起就采取的方针的态度，并且既表明了对拉萨尔的政治经济学原则的态度，也表明了对它的策略的态度。

这里用以剖析纲领的那种无情的尖锐性，用来表述得出的结论和揭露草案缺点的那种严厉性，——这一切在 15 年以后的今天已经不会使人见怪了。道地的拉萨尔份子只是在国外还作为一些孤独的残余存在着，而哥达纲领甚至也被它的那些创造者们在哈雷当做完全不能令人满意的东西抛弃了。

虽然如此，凡是在对内容没有影响的地方，我还是把一些针对别人的尖锐的词句和评语删掉了，而用省略号来代替。如果马克思今天发表这个手稿，他自己也会这样做的。手稿中有些地方口气很激烈，这是由下述两种情况引起的：第一，马克思和我对德国运动的关系，比对其他任何一国运动的关系都更为亲切；因此这个纲领草案中所表现的断然的退步，就不能不使我们感到特别愤慨。第二，我们那时正在同巴枯宁及其无政府主义者进行最激烈的斗争，——那时离国际海牙代表大会闭幕才两年，——他们把德国工人运动中发生的一切都归咎于我们；因而我们不得不预料，他们也会诬指我们是这个纲领的秘密创作者。这些顾虑现在已经消失，因而一些有关的地方也就随之失去必要性了。

由于出版法的缘故，有些语句只用省略号暗示出来。凡是我不得不选用比较缓和的说法的地方，都加上了方括弧。其他地方都按手稿付印。

弗·恩格斯
1891 年 1 月 6 日于伦敦

德国社会主义工人党从成立之日起，不断受到各种机会主义的干扰，先是受杜林主义的困扰，1878 年限制社会党人"非常法"颁布后，德国社会主义工人党党内又出现"苏黎世三人团"右倾机会主义和以莫斯特等为首的左倾无政府主义，1890 年后又受到福尔马尔右倾机会主义和"青年派""左"倾冒险主义的影响。德国社会主义工人党在马克思和恩格斯的关怀、帮助下，击败了各种"左"右倾机会主义，提高了党的战斗力。1890 年，德国社会主义工人党改名为"德国社会民主党"。同年，德国普鲁士政府宣布废除反社会党人法，德国社会民主党又可以公开活动。1890 年 10 月，德国社会民主党在哈雷召开党的代表大会，决定起草一个新的党纲草案，提交 1891 年即将在爱尔福特召开的党的代表大会讨论，以取代德国社会主义工人党原来的党纲即《哥达纲领》。为了反击国际工人运动中和德国社会主义工人党内的各种"左"右倾机会主义，使即将在爱尔福特召开的党的代表大会能够出制定一个正确的党纲，恩格斯决定公开发表 15 年前马克思的《哥达纲领批判》，并为马克思《哥达纲领批判》写了序言。

恩格斯写此序言的目的有二：一是为了使德国社会民主党能够起草一个正确的党纲，以取代原来的党纲——《哥达纲领》，"既然哈雷党代表大会已把哥达纲领的讨论提到了党的议事日程，所以我认为，如果我还迟延发表这个有关这次讨论的重要的——也许是最重要的——文件，那我就要犯隐匿罪了。"[1] 二是"第一次明确而坚定地表明了马克思对拉萨尔从他开始从事鼓动工作起就采取的方针的态度，并且既表明了对拉萨尔的政治经济学原则的态度，也表明

---

[1] 马克思恩格斯.《马克思恩格斯选集》(第三卷) 北京：人民出版社，1972：第 1 页

了对它的策略的态度。"① 马克思恩格斯为了顾全德国工人运动的大局，为了德国工人阶级的联合，没有把对《哥达纲领》的批判公开，而是采取了沉默的态度，没有发表公开声明，马克思的《哥达纲领批判》并未公诸于世。

在序言中，恩格斯指出了马克思《哥达纲领批判》剖析《哥达纲领》草案的那种无情批判的尖锐性，并说明其尖锐性的两个原因：一是马克思、恩格斯对德国工人运动的关系，比对其他任何一国工人运动的关系都更为亲切，因此，这个纲领草案所表现出的断然退步，使马、恩感到特别气愤；第二，由于马克思、恩格斯与德国工人运动的密切关系，巴枯宁及其无政府主义者把德国工人运动中发生的拉萨尔主义错误归咎于马克思、恩格斯；因而马克思、恩格斯顾虑，巴枯宁们会诬指马克思、恩格斯是这个纲领的秘密创作者。

---

① 马克思恩格斯.《马克思恩格斯选集》（第三卷）北京：人民出版社，1972：第 1 页

第二章　共产主义两个发展阶段及其分配原则

在《哥达纲领批判》第一章，马克思把《哥达纲领》草案第一部分中的 5 个条文分 1. 2. 3. 4. 5. 先分别引其原文，然后进行逐条剖析、批判。这一章马克思着重批判了《哥达纲领》草案空谈"劳动"和"社会"的机会主义观点，第一次提出关于共产主义两个发展阶段的学说；批判了《哥达纲领》草案关于生产资料所有制与分配关系上的错误观点，阐明了社会主义阶段社会总产品和个人消费品的按劳分配原则。下面，我们把马克思对《哥达纲领》第一部分的五条批判分别进行具体解读。

第一节　资本主义私有制才是一切问题的症结所在

一、空谈"劳动"和"社会"

【原文】

1. "劳动是一切财富和一切文化的源泉，**而**因为有益的劳动只有在社会里和通过社会才是可能的，所以劳动所得应当不折不扣和按照平等的权力属于社会一切成员。"

本段第一部分："劳动是一切财富和一切文化的泉源。"

劳动**不是**一切财富的**源泉**。**自然界**和劳动一样也是使用价值（而物质财富本来就是由使用价值构成的！）的源泉，劳动本身不过是一种自然力的表现，及人的劳动力的表现。

......

但是不管这句话缺点如何，我们且把它放在一旁，不去管它。那末结论应当怎样呢？显然应当是：

"既然劳动是一切财富的源泉，社会中的一个人要不占有劳动的产品就不能占有财富。因此，如果他自己不劳动，他就是靠别人的劳动生活，而且他自己的文化也是靠别人的劳动而获得的。"

可是并没有这样做，反而借助于"而因为"这种暧昧的字眼添上第二句话，以便从第二句中，而不是从第一句中做出结论来。

本段第二部分："有益的劳动只有在社会里和通过社会才是可能的。"

根据第一句话，劳动是一切财富和一切文化的源泉，就是说，任何一个社会都不能离开劳动。相反地，我们现在却看到，任何一种"有益的"劳动都不能离开社会。

那末也同样可以说，只有在社会里，无益的，甚至有损公益的劳动才能成为一个职业部门。只有在社会里才可以游手好闲，如此等等——一句话，可以抄袭卢梭的全部著作了。

而什么是"有益的"劳动呢？只不过是能产生预期效果的劳动。一个蒙昧人（而人在他已不再是猿类以后就是蒙昧人）用石头击毙野兽，采集果实等等，就是进行"有益的"劳动。

第三，结论："而因为有益的劳动只有在社会里和通过社会才是可能的，所以劳动所得应当不折不扣和按照平等的权利属于社会一切成员。"

多妙的结论！既然有益的劳动只有在社会里和通过社会才是可能的，所以劳动所得应当不折不扣和按照平等的权利属于社会一切成员。

事实上，这个论点在一切时代都被**当时的社会制度的捍卫者**所承认。首先要满足政府方面以及依附于它的各个方面的要求，因为政府是维持社会秩序的社会机关；其次是要满足各种私有财产方面的要求，因为各种私有财产是社会的基础，如此等等。你们看，这些空洞的词句是怎么摆弄都可以的。

马克思首先引用《哥达纲领》草案第一部分中 5 个条文的第一条原文。第一条原文共 3 句话，

第一句："劳动是一切财富和一切文化的源泉"；

第二句："有益的劳动只有在社会里和通过社会才是可能的"；

第三句："劳动所得应当不折不扣和按照平等的权力属于社会一切成员"。

然后，马克思对这 3 句话进行逐句批判。

《哥达纲领》草案中写道："劳动是一切财富和一切文化的源泉。"对此，马克思针锋相对、一针见血地指出："劳动不是一切财富的源泉。自然界和劳动一样也是使用价值的源泉"。自然界如土地、矿山等也是财富源泉，人的劳动只有在具备了相应的劳动对象和生产工具的条件下进行，才能创造出财富。生产力中包括劳动者、劳动工具、劳动对象三要素，缺少其中一个要素，不能形成现实的生产力，创造出财富。

物质财富本身是由使用价值构成的，而人要生产某种使用价值，

必须有客观物质的劳动资料（主要是生产工具）和劳动对象（原材料），因为人不能凭空创造，而这些客观物质的劳动资料和劳动对象来自自然界，是大自然提供的，所以，生产某种使用价值离不开自然界，也就是生产某种使用价值必须具有自然物质条件。人只有同一定的生产资料相结合，才能生产出使用价值，才是财富的源泉。进行生产，创造财富，形成现实的生产力，劳动者、劳动资料、劳动对象三要素缺一不可。

而劳动者要同生产资料相结合，首先就必须以占有者的身份出现，即必须成为生产资料的所有者。只有这时，"他的劳动才成为使用价值的源泉，因而也成为财富的源泉。"而《哥达纲领》草案却避而不谈生产资料所有制这一创造财富的先决条件，避开资本家占有生产资料剥削工人，工人一无所有，只能靠出卖劳动力维持生存的实质性问题，空谈"劳动是一切财富的源泉"，这实质上是掩盖了资本主义制度和一切私有制社会的剥削实质。上述问题，实质上涉及到是保留私有制还是消灭私有制的问题。

《哥达纲领》鼓吹劳动是一切财富的源泉，硬把劳动说成是超自然的创造力量，似乎劳动者不必占有生产资料就可以创造财富。这实际上是让工人阶级在不触动生产资料私有制的前提下进行革命，结果如何，可想而知。所以，《哥达纲领》草案的前提就是错误的。前提的错误，必然导致结论的错误，这是不言而喻的。

按照《哥达纲领》草案"劳动是一切财富和一切文化的源泉"这个前提，推出的结论就应该是："既然劳动是一切财富的源泉，社会中的一个人要不占有劳动的产品就不能占有财富。因此，如果他自己不劳动，他就是靠别人的劳动生活，而且他自己的文化也是靠别人的劳动而获得的。"这段话的意思是说，资本家不劳动，那么，资本家的财富和文化就都是靠工人阶级的劳动获得的。马克思认为，劳动是一切财富的源泉这句话是有缺点的，我们先不管这句话的缺点，我们从这句话合理地推出：资本主义社会，财富和文化都是靠工人阶级创造的。这样的结论才是批判资本家不劳而获，阐明工人阶级的伟大作用的。然而，《哥达纲领》并没有这样做，没有推出这个结论。反而接下来借助"而因为"这种暧昧的字眼添上第二句话："有益的劳动只有在社会里和通过社会才是可能的。"

由此，马克思又开始剖析第二句话。马克思认为第二句话是无意义的废话。所谓"有益的"劳动，只不过是能产生预期效果的劳动。一个蒙昧人用石头击毙野兽，采集果实等等，就是进行"有益的"劳动。无所谓"有益的"劳动还是无益的劳动，同时，劳动当然是在社会里和通过社会才是可能进行的。

从第二句，《哥达纲领》推出第三句话的结论来。"既然有益的劳动只有在社会里和通过社会才是可能的，所以劳动所得应当不折不扣和按照平等的权利属于社会一切成员。"马克思讽刺道，这是一个"多妙的结论！"即使有益的劳动只有在社会里和通过社会才是可能的，也推导不出"所以劳动所得应当不折不扣和按照平等的权利属于社会一切成员"这个结论来。因为对"不折不扣""按照平等的权利"，政府、资本家、工人阶级会有完全不同的理解。马克思指出，"劳动所得应当不折不扣和按照平等的权利属于社会一切成员"，这个论点在一切时代都被当时的社会制度的捍卫者所承认。国家政府认为，劳动所得首先要满足国家政府方面以及依附于它的各个方面的要求，因为政府是维持社会秩序的公共机关，既然劳动只有在社会里和通过社会才是可能的，而国家政府作为必不可少的维持社会秩序的社会机关，就理所当然应该分得"劳动所得"；资本家认为，生产资料、厂房、设备、各种私有财产是社会生产的基础，是社会劳动必不可少的生产条件，所以，"劳动所得"要满足我们资本家各种私有财产方面的要求。如此等等。你们看，对"不折不扣"、"平等"从来就是不同的阶级有不同的理解。"劳动所得应当不折不扣和按照平等的权利属于社会一切成员"实际上是一个无法实现的幻想，"平等"是相对的，绝对的平等不用说在资本主义社会，即使在未来社会也很难实现。对于"平等"这个问题，马克思在第一章第三节社会主义"按劳分配"原则时还有深刻的论述。

二、创造社会财富的物质条件和生产资料所有制

【原文】

上面那句话在一切儿童识字课本里都可以找到，但是这句话只是在它**包含着**劳动具备了相应的对象和资料的这层意思的时候才是正确的。然而，一个社会主义的纲领不应当容许这种资产阶级的说法，对那些唯一使用这种说法具有意义的**条件**避而不谈。只有一个人事先就以所有者的身份对待自然界这一切劳动资料和劳动对象的第一源泉，把自然界当做隶属于他的东西来处置，他的劳动才成为使用价值的源泉，因而也成为财富的源泉。资产者有很充分的理由给劳动者加上一种**超自然的创造力**，因为正是从劳动所受的自然制约性中才产生如下的情况：一个除自己的劳动力外没有任何其他财产的人，在任何的社会和文化的状态中，都不得不为占有劳动的物质条件的他人做奴隶。他只有得到他人的允许才能劳动，因而只有得到他人的允许才能生存。

"劳动是一切财富和一切文化的源泉。"这句话是一个常识，在所有儿童识字课本里都可以找到。问题是这句话出现在指导工人运

动的党的纲领中，它则是有害的。诚然，"劳动是一切财富和一切文化的源泉"，工人的劳动是光荣的，但是，工人的劳动需要条件，受制于自然，工人没有"超自然的创造力"，工人劳动必须具备相应的劳动对象和生产资料，否则劳动无法进行。可是在资本主义社会，工人是"除自己的劳动力外没有任何其他财产的人"，所以，他们不得不为占有劳动的物质条件的他人——资本家做奴隶。他只有得到他人——资本家的允许才能劳动，因而只有得到他人——资本家的允许才能生存。工人失业则流落街头，无法生存。资本主义条件下工人的劳动是做奴隶，是当牛做马，是受剥削受压迫，是谋生的手段，尽管如此，工人也只有得到资本家的允许、被雇佣才能劳动，因而只有得到资本家的允许才能生存。如果资本家不购买你这个劳动力，认为你不能为他带来剩余价值，那么，你连劳动的资格都没有，那么，你就连生存都无法维持。

"劳动是一切财富和一切文化的源泉"是轻巧、美丽的"资产阶级的说法"，实际上，劳动在工人那里完全是另外一番景象，资本主义条件下，工人的劳动是异化劳动，对此，马克思早在《1844年经济学哲学手稿》（以下简称《手稿》）中就指出，在资本主义条件下，工人的劳动不是作为人的劳动，而是异化劳动。资本主义条件下，工人的劳动产品不归工人占有，对象化表现为对象的丧失和被对象奴役。工人把生命投入到对象中去，这个生命被异化，不属于工人了。产品生产越多，异己的力量越大，工人受的剥削越重，归工人的东西越少。劳动产品对工人来说是异己的力量，来剥削工人。生产商品越多，工人自身越变成廉价的商品，物增值，人贬值。劳动产品——劳动的对象作为异己的力量与劳动者相对立，工人与劳动产品的关系是工人与异己对象的关系。

资本主义条件下，工人的劳动异化不仅表现在劳动结果上，而且表现在劳动活动中。劳动产品的异化，劳动产品不属于劳动者，劳动产品不归工人所有，必然导致劳动活动的异化。在《手稿》中马克思讲，劳动活动对工人来说是外在的东西，不属于他的本质的东西，工人在劳动中不是肯定自己，而是否定自己；不是幸福，而是感到不幸；不是自由的发挥自己的肉体力量和精神力量，而是肉体的折磨、精神的摧残。劳动不舒畅，不自在，工人的劳动不是自愿的，而是被迫、强制、自我折磨，不强迫时工人就会像逃避瘟疫一样逃避劳动。因为劳动不属于工人，工人在劳动中也不属于自己，而属于别人——资本家。这种活动是工人自身的丧失。结果出现这样的现象：人在实现自己动物机能——食欲、性欲时是幸福的、自由的人，是自己；在劳动、实现人的类本质、成为人时，反而感觉自己是动物、是当牛做马，即：资本主义社会使"动物的东西成为人的东西，人的东西成为动物的东西。"[①]

资本主义条件下，工人的劳动是异己的，正因为他是属于别人的。正是由于工人的劳动生产出与劳动格格不入的、站在劳动之外的人——资本家与劳动的关系。工人劳动生产出不劳动的资本家，这就即造成了人与自身（人的类本质）相对立的同时，人——工人也同他人——资本家相对立。工人的劳动产品、劳动活动不属于自己，那它就属于别人，属于不劳动的资本家阶级，劳动的工人受不劳动的资本家的奴役、剥削、压迫。

所以，马克思指出，要谈"劳动是一切财富和一切文化的源泉。"，就不能"对那些唯一使用这种说法具有意义的条件避而不谈。只有一个人事先就以所有者的身份对待自然界这一切劳动资料和劳动对象的第一源泉，把自然界当做隶属于他的东西来处置，他的劳

① 马克思恩格斯.《马克思恩格斯选集》（第一卷）北京：人民出版社，1995：第44页

动才成为使用价值的源泉，因而也成为财富的源泉。"资本主义条件下，工人不是劳动资料的所有者，工人无法把自然界当做隶属于他的东西来处置，因而他无法劳动，无法创造财富。要谈创造财富和文化，首要的问题是解决创造社会财富的物质条件和生产资料的所有制问题，这才是问题的关键之所在。

三、劳动的社会性

【原文】

本段第一和第二两个部分只有像下面这样说才能有些合乎情理的联系：

"劳动只有作为社会的劳动"，或者换个说法，"只有在社会里和通过社会"，"才能成为财富和文化的源泉。"

这个论点无可争辩地是正确的，因为孤立的劳动（假定它的物质条件是具备的）虽能创造使用价值，但它既不能创造财富，也不能创造文化。

马克思为了进一步批判纲领草案避开创造社会财富的物质条件和生产资料所有制，空泛谈论"劳动"和"社会"的错误，还提出了两个重要观点：

第一，劳动是社会的劳动，马克思在这里强调创造财富的劳动的社会性。人们进行物质资料生产，创造物质财富并不是单个人孤立进行的，而是在结成一定的社会关系条件下，以团体组织为单位进行的，是在一定的生产资料所有制条件下进行的。事实上，完全孤立的劳动是不存在的，人是群居、社会的动物，人类的祖先——

原始人一开始就是以氏族部落的形式共同生活、面对自然的。氏族部落发展形成国家，从奴隶制国家到封建地主阶级国家到资产阶级国家。即使现实生活中，常有单个人的劳动，但他的劳动也完全是社会性的，因为，他的土地、厂房、资金、设备可能不是他自己的，是社会以一定的所有制方式提供给他的；即使土地、厂房、资金、设备完全是他自己的，那么，他的劳动产品可能是作为商品出卖提供给全社会成员的；即使他的劳动产品不是提供给全社会，而是自给自足，那他的劳动技能的获得也是通过社会遗传的；再者，他的语言、他的思想、他的思维方式、行为方式无一不是通过社会遗传获得。因此，劳动总是社会的劳动。

第二，社会的劳动"才能成为财富和文化的源泉"。一方面，只有社会的劳动，才能创造财富。社会劳动是在结成一定的社会关系条件下，以团体组织为单位进行的，是在一定的生产资料所有制条件下进行的，社会劳动实现了人与生产资料的结合，即实现了劳动者和劳动资料、劳动对象的结合，从而形成了现实的生产力，生产出使用价值，创造出社会物质财富。

另一方面，只有社会劳动才能成为文化的源泉。因为只有人们之间组成社会群体的社会性劳动，才有文化的传承、交流与发展。从人类语言的产生就可以证明这一点，在原始社会，原始人共同的劳动要求相互帮助、配合、协作，相互帮助、配合、协作就迫使原始人要发出信号、声音，到了有些什么非说不可的地步就产生了语言，恩格斯说："语言是思维的物质外壳"，随着共同的劳动，和语言同时，人们的思维发展起来，人类的文化发展起来。

四、劳动和社会的阶级分析

【原文】

但另一个论点也是同样无可争辩的：

"随着劳动的社会性的发展，以及由此而来的劳动之成为财富和文化的源泉，劳动者方面的贫穷和愚昧，非劳动者方面的财富和文化也发展起来。"这是到现时为止的全部历史的规律。

随着生产的发展、社会的进步，社会分工越来越精细、越来越发达，每一个工人只完成一项工作的一个环节、一个步骤、一个部分。分工越精细，劳动越需要互相协作、互相配合，劳动的社会联系也越紧密、越不可或缺，因而也越来越为广泛，劳动生产率也日益提高，创造的社会财富也日益增多。但是在剥削者——资本家占有生产资料，劳动者被剥夺了生产资料的资本主义社会，劳动者虽然以自己的劳动创造了社会财富，但他们所创造财富的大部分却为剥削者——资本家所占有，因而剥削者——资本家的财富越来越发展，劳动者则愈来愈贫穷，即劳动创造财富，而创造财富的劳动者——工人却没有财富，越来越贫穷；不劳动的资本家反倒占有财富，越来越富有。劳动是文化的源泉，但是劳动者反倒没有文化，越来越愚昧，工人经济的贫穷使他们的子女没有条件接受良好的甚至是基本的教育，有的孩子被迫成为童工，负担家庭经济重担；非劳动者——资本家反倒占有文化。这是一个完全颠倒的社会！这个颠倒的社会实质是阶级剥削、阶级压迫、阶级统治，即不劳动的资本家剥削劳动的工人创造的物质财富；不劳动的资本家垄断文化，劳动者文化权利被剥夺。总而言之，劳动的社会性的发展，生产资料的私有制，劳动者与生产资料分离，劳动者不占有生产资料，不劳动的资本家占有生产资料，产生了无产阶级和资产阶级的阶级矛盾与阶级对立。

劳动者物质贫穷、文化愚昧，不劳动者占有财富、垄断文化，这是从奴隶社会一直到现时资本主义社会为止全部私有制、阶级社会历史发展的规律。

五、铲除资本主义私有制这个社会祸害

【原文】

因此，不应当泛泛地谈论"劳动"和"社会"，而应当在这里清楚地证明，在现今的资本主义社会中最终创造了物质的和其他的条件，使工人能够并且不得不铲除这个社会祸害。

实际上，把这整个行文和内容都不妥当的条文放在这里，只不过是为了要把拉萨尔的"不折不扣的劳动所得"作为第一个口号写在党的旗帜上。以后我还要回过来谈"劳动所得"，"平等的权利"等等，因为同样的东西在下面又以稍微不同的形式重复出现。

马克思深刻指出："不应当泛泛地谈论'劳动'和'社会'，而应当在这里清楚地证明，在现今的资本主义社会中最终创造了物质的和其他的条件，使工人能够并且不得不铲除这个社会祸害。"就是说在劳动者与生产资料分离的资本主义私有制条件下，随着资本主义生产力的发展，不劳动的资本家物质文化越来越富有，劳动的无产阶级物质文化越来越贫穷，这种情况越来越明朗化，资本主义基

本矛盾的发展和激化，无产阶级同资产阶级之间的阶级矛盾的明朗化、激化和尖锐化，无产阶级与资本主义大工业一起发展壮大，这种社会现实已经为无产阶级用暴力革命的手段推翻资本主义制度创造了物质条件和其他条件，无产阶级是消灭资本主义私有制的强大阶级力量，无产阶级必须而且能够铲除资本主义私有制这个社会祸害，以求得自身的解放。这才是德国社会主义工人党的纲领中没有做出而必须做出的结论，而不应像现在的纲领草案这样空泛地谈论那些无意义的"劳动"和"社会'之类的空话。

所谓"在现今的资本主义社会中最终创造了物质的和其他的条件"，其中的"物质条件"是指，资本主义社会化的大生产积累的大量物质财富，物质文明，它为新的更先进的社会制度的诞生提供了物质前提。这大量的物质财富被资本家私人占有，占有制私人性，而生产是社会化的大生产，生产过程高度社会化，分工精细、广泛联系、紧密合作，生产的商品推向全社会。生产的社会性和占有制的私人性的矛盾成为资本主义社会的基本矛盾，资本主义社会基本矛盾的发展和激化，占有制私人性，资本家唯利是图导致的生产的盲目性，必然引发周期性的经济危机。

经济危机指的是一个或多个国民经济或整个世界经济在一段比较长的时间内不断收缩（负的经济增长率），是资本主义经济发展过程中周期爆发的生产过剩的危机，是经济周期中的决定性阶段。自1825 年英国第一次爆发普遍的经济危机以来，资本主义经济从未摆脱过经济危机的冲击。经济危机是资本主义体制的必然结果。由于资本主义的特性，其爆发也是存在一定的规律。资本主义经济危机的根本原因在于资本主义制度本身，在于资本主义的基本矛盾——生产的社会化与资本主义私人占有形式之间的矛盾。经济危机的可能性，早在简单商品生产中就已经存在，这是同货币作为流通手段和支付手段相联系的。但是，只有在资本主义生产方式占统治地位以后，危机的可能性才变成了现实性。随着简单商品经济的矛盾——私人劳动与社会劳动之间的矛盾发展成为资本主义的基本矛盾，就使经济危机的发生成为不可避免的了。

经济危机使资本家无法照旧的统治下去了，工人无法照旧的生活下去了，爆发上层危机、下层危机和全面的社会危机，整个社会处于瘫痪状态。经济危机更带来无产阶级的灾难，工厂倒闭、工人失业、流离失所，无产阶级必然起来反抗，爆发革命，推翻资本主义制度，建立无产阶级专政的社会主义制度。所谓"其他的条件"主要是指，资本主义制度为自己培养了掘墓人——无产阶级，资本主义制度培养了埋葬资本主义制度的阶级力量。随着资本主义社会化大生产的发展，产业工人无产阶级发展壮大起来，社会化大生产形成了无产阶级高度的组织性、纪律性、先进性、团结性，一无所有，革命只能失去颈上的锁链，使无产阶级具有革命的彻底性，大无畏的牺牲精神。当无产阶级意识到自己被剥削、被压迫的地位，由自在的阶级转变为自为的阶级，在马克思主义的指导下，一定能够推翻资本主义制度，获得自身的解放。

马克思指出，无产阶级必须铲除资本主义私有制这个社会祸害，才是《哥达纲领》这个德国社会主义工人党党纲最应该"清楚地证明"的。《哥达纲领》草案的条文"整个行文和内容都不妥当"，"把拉萨尔的'不折不扣的劳动所得'作为第一个口号写在党的旗帜上"是极其错误的，并且同样的东西——所谓"不折不扣的劳动所得""平等的权利"这些拉萨尔主义思想在《哥达纲领》草案中又以稍微不同的形式反复出现。所以，马克思在《哥达纲领批判》后面的内容里"还要回过来谈'劳动所得'，'平等的权利'等等"，对其进行深入细致的剖析和批判。

第二节　无产阶级革命首要任务是推翻专制制度

一、只攻击资产阶级，不反对土地所有者的错误

【原文】

2. "在现代社会中，劳动资料为资本家阶级所垄断。由此造成的工人阶级的依附性是一切形式的贫困和奴役的原因。"

这段从国际章程中抄来的话，经过这番"修订"后就变成荒谬的了。

在现代社会中，劳动资料为土地所有者和资本家所垄断（地产的垄断甚至是资本垄断的基础）。无论是前一个或者后一个垄断者阶级，国际章程在有关条文中都没有提到。它谈到的是**"劳动资料即生活源泉的垄断"**。"生活源泉"这一补充语充分表明，劳动资料也包括土地。

其所以做这种修订，是因为拉萨尔由于现在大家都知道的理由仅仅攻击了资本家阶级，**而没有攻击土地所有者**。在英国，资本家多半不是他的工厂所在的那块土地的所有者。

《哥达纲领》中"在现代社会中，劳动资料为资本家阶级所垄断。由此造成的工人阶级的依附性是一切形式的贫困和奴役的原因。"这段话是从国际工人协会临时章程中抄来并经过"修订"的。

国际工人协会临时章程写明的是"劳动资料即生活源泉的垄断"，"生活源泉"这一补充语充分表明，劳动资料包括土地，国际工人协会临时章程的这种提法是对的。可是，经过"修订"的《哥达纲领》草案则变成"劳动资料为资本家阶级所垄断"，这里面去掉了土地所有者——地主阶级的地产垄断，正确的观点是"劳动资料为地主和资本家所垄断"。《哥达纲领》的这种说法——造成工人阶级依附、贫困和奴役的只是资本家阶级，而隐去了德国容克地主阶级封建专制普鲁士政府对无产阶级的剥削，即《哥达纲领》"仅仅攻击了资本家阶级，而没有攻击土地所有者。"这实际上就是把土地所有者贵族地主阶级排除在革命对象之外，而当时在德国掌握政权正是地主贵族阶级。尽管拉萨尔提出普选权（普选权又称普通选举权、普选、普遍选举，在民主政体中，将选举权延伸至任何一个成年公民，但是这个权利通常不包括未成年人，以及未拥有国籍的非公民。选举权事实上包括了投票的权利，以及有机会能够投票这两方面，但普选权只单纯包括拥有投票权利，忽略现任政府去征询选民意见的频率，也不讨论是不是所有选民都有同样经济基础，可以去投票或担任候选人。拥有普选权，也代表在这个国家中，无论性别、年龄、种族、信仰、社会状况，只要是成年公民，都有选举投票以及担任候选人的权利），但是专制的普鲁士政府不可能做出太多的让步。

马克思《哥达纲领批判》戳穿了《哥达纲领》中不推翻现政权的改良主义、"半截子"革命的实质。

二、"普鲁士政府的社会主义"

由于拉萨尔所谈的社会主义是依靠普鲁士国家帮助，建立生产合作社实现的社会主义，所以，拉萨尔主义曾被称为国家社会主义（后来不再这样称呼）。在拉萨尔看来，国家是超越阶级、凌驾于全体社会成员之上的普遍利益的代表。拉萨尔宣称通过建立工人合作社就能够实现社会主义，而要建设工人合作社，就必须依靠现存国家的帮助。在这里，拉萨尔所期望的国家帮助不是来自于工人执政后自己的国家，而是来自于现存的专制国家——普鲁士政府，所以，拉萨尔的"国家社会主义"是普鲁士政府帮助下的社会主义，也就是"普鲁士政府的社会主义"。拉萨尔指出，工人应放弃夺取国家政权的愿望，实现共产主义要依赖普鲁士国家的支持。"普鲁士政府的社会主义"纯粹是异想天开的幻想。

拉萨尔否认国家是实行阶级统治的机关，认为国家是超阶级的，通过普鲁士专制国家的帮助就能消灭资产阶级。马克思指出，当前无产阶级革命最首要的任务是推翻腐朽的专制制度，只要德国资产阶级愿意推翻普鲁士的专制制度，无产阶级就要与他们一起进行民主斗争。尽管无产阶级不可能因此获得政权，却能推动社会进步，为社会主义的实现奠定社会基础。拉萨尔欲与普鲁士国家政府专制势力联合，是将工人变成了维护专制制度的帮凶。

第三节　共产主义低级、高级阶段与社会主义按劳分配原则

这一节批判了《哥达纲领》草案中关于生产资料所有制与分配相互关系上的错误，科学地阐明了共产主义第一阶段——社会主义社会的总产品和个人消费品的分配原则。《哥达纲领》草案把"按

照平等的权利""公平分配劳动所得"作为党的奋斗目标,企图以分配上的改良实现社会主义,是极为荒谬和反动的。

一、分配决定论的错误

【原文】

3."劳动的解放要求把劳动资料提高为社会的公共财产,要求集体调节劳动并公平分配劳动所得。"

"把劳动资料提高为社会的公共财产"(!),应当是说把它们"变为社会的公共财产"。这不过是顺便提一句罢了。

什么是**"劳动所得"**呢?是劳动的产品呢,还是产品的价值?如果是后者,那么,是产品的总价值呢,或者只是劳动新添加在耗费掉的生产资料的价值上的那部分价值?

"劳动所得"是拉萨尔为了代替明确的经济概念而提出的一个模糊观念。

什么是"公平的"分配呢?

难道资产者不是断定今天的分配是"公平的"吗?难道它事实上不是在现今的生产方式基础上唯一"公平的"分配吗?难道经济关系是由法权概念来调节,而不是由经济关系来产生出法权关系吗?难道各种社会主义宗派分子关于"公平的"分配不是有各种极为不同的观念吗?

为了弄清楚"公平的"分配一语在这里指什么东西,我们必须把第一段和本段对照一下。本段设想的是这样一个社会,在那里"劳动资料是公共财产,总劳动是由集体调节的",而在第一段里我们则看到,"劳动所得应当不折不扣和按照平等的权利属于社会一切成员"。

"属于社会一切成员"？也属于不劳动的成员吗？那末，"不折不扣"的劳动所得又在那里呢？只属于社会中劳动的成员吗？那么社会一切成员的"平等的权利"又在那里呢？

"社会一切成员"和"平等的权利"显然只是些空话。问题的实质在于：在这个共产主义社会里，每个劳动者都应当得到"不折不扣的"拉萨尔的"劳动所得"。

如果我们把"劳动所得"这个用语首先理解为劳动的产品，那末集体的劳动所得就是**社会总产品**。

现在从它里面扣除：

第一，用来补偿消费掉的生产资料的部分。

第二，用来扩大生产的追加部分。

第三，用来应付不幸事故，自然灾害等的后备基金或保险基金。

从"不折不扣的劳动所得"里扣除这些部分，在经济上是必要的，至于扣除多少，部分地应当根据概率论来确定，但是这些扣除根据公平原则无论如何是不能计算的。

剩下的总产品中的其他部分是用来作为消费资料的。

把这部分进行个人分配之前，还得从里面扣除：

第一，和生产没有关系的一般管理费用。

和现代社会比起来，这一部分将会立即极为显著地缩减，并将随着新社会的发展而日益减少。

第二，用来满足共同需要的部分，如学校，保健设施等。

和现代社会比起来，这一部分将会立即显著地增加，并将随着新社会的发展而日益增加。

第三，为丧失劳动能力的人等等设立的基金，总之，就是现在属于所谓官办济贫事业的部分。

只有现在才谈的上纲领在拉萨尔的影响下偏狭地专门注意的那种"分配",就是说,才谈的上在集体中的个别生产者之间进行分配的那部分消费资料。

"不折不扣的劳动所得"已经不知不觉地变成**"有折有扣"**的了,虽然从一个处于私人地位的生产者上扣除的一切,又会直接或间接地用来为处于社会成员地位的这个生产者谋福利。

我较为详细地一方面谈到"不折不扣的劳动所得",另一方面谈到"平等的权利"和"公平的分配",这是为了要指出:这些人犯了多么大的罪,他们一方面企图把那些在某个时期曾经有一些意思,而现在已经变成陈腔滥调的见解作为教条重新强加于我们党,另一方面又打算用民主主义者和法国社会主义者所惯用的关于权利等等的空洞的废话,来歪曲那些花了很大力量才灌输给党而现在已在党内扎了根的现实主义观点。

除了上述的一切之外,把所谓**分配**看作事物的本质并把重点放在它上面,那也是根本错误的。

消费资料的任何一种分配,都不过是生产条件本身分配的结果。而生产条件的分配,则表现生产方式本身的性质。例如,资本主义生产方式的基础就在于:物质的生产条件以资本和地产的形式掌握在非劳动者的手中,而人民大众则只有人身的生产条件,即劳动力。既然生产的要素是这样分配的,那末自然而然地就要产生消费资料的现在这样的分配。如果物质的生产条件是劳动者自己的集体财产,那末同样要产生一种和现在不同的消费资料的分配。庸俗的社会主义仿效资产阶级经济学家(一部分民主派又仿效庸俗社会主义)把分配看成并解释成一种不依赖于生产方式的东西,从而把社会主义描写成为主要在分配问题上兜圈子。既然真实的关系早已弄清楚了,为什么又要开倒车呢?

马克思指出，向工人灌输这些错误思想是"犯了多么大的罪"！起草《哥达纲领》的领袖们是在把陈词滥调的教条强加于党！是用空洞的废话来歪曲"那些花了很大力量才灌输给党而现在已在党内扎了根的"的剩余价值学说、无产阶级深受资本家、地主阶级剥削的观点和只有消灭阶级、消灭私有制才能解放工人阶级的观点。

马克思批判了所谓"公平分配""平等权利"等超阶级的机会主义空话：为了批判"公平的分配"的错误观点，马克思一连提出了4个质问——"难道资产者不是断定今天的分配是'公平的'吗？难道它事实上不是在现今的生产方式基础上唯一'公平的'分配吗？难道经济关系是由法权概念来调节，而不是由经济关系来产生出法权关系吗？难道各种社会主义宗派分子关于'公平的'分配不是有各种极为不同的观念吗？"弄清这些问题，就可以看清所谓"公平的分配""平等的权利"错误的实质。

第一，所谓"公平"，在阶级社会是有阶级性的。各阶级由于各自利益不同，因而对公平的理解和标准不同，不存在各个阶级都认可、都能够普遍接受的共同标准。在资本主义社会，资产阶级认为资本主义的分配是最公平的，资本家将自己获得的利润、支付给工人的工资看做是"公平的"分配，而事实上，对无产阶级来说，只获得以工资形式支付的劳动力价值，而工人劳动的其他部分则以剩余价值的形式被资本家无偿占有，资本家获得的利润是工人创造的剩余价值的转化形式，因而这种分配对工人来说是最不合理、最不平等的。既然"公平的分配"不存在，那么"平等的权力"也就难以维护。马克思主义理解的平等只能是"消灭阶级"，不消灭阶级，就没有真正的平等，阶级的存在是不平等的根源。

第二，《哥达纲领》草案宣扬庸俗社会主义的分配决定论，空泛地谈论"劳动""社会",把"按照平等的权利""公平分配劳动所得"作为党的奋斗目标,企图以分配上的改良主义实现社会主义。拉萨尔庸俗社会主义认为,国家具有真正的道德本质,合乎道德的国家思想早已是国家的动力。只要普鲁士国王改变一下政策和统治形式,国家就变成无产阶级和革命人民的了。这是宣扬历史唯心主义的国家观和普鲁士皇家的社会主义这种幽灵至今未散。民主社会主义思潮又继承了其衣钵,拉萨尔脱离国家和道德的现实的经济基础,用抽象的道德观念来说明国家的本质和作用。妄图以此掩盖国家的阶级本质为所谓自由国家提供理论依据。拉萨尔派硬是说,不改变资本主义私有制,只要实现了"公平分配"就能够实现社会主义(即民主社会主义,还鼓吹说这才是真正的社会主义)。马克思指出:"消费资料的任何一种分配,都不过是生产条件本身分配的结果。而生产条件的分配,则表现生产方式本身的性质。"进一步明确生产决定分配、生产方式决定分配方式的历史唯物主义原理。有什么样的生产方式就有什么样的分配形式,生产资料归谁所有决定,所有者会采取什么样的分配方式,即生产资料所有制决定分配方式。所谓生产条件的分配,是指生产资料归谁所有和劳动力以什么形式同生产资料结合。生产条件的分配方式不同,即所有制、劳动力同生产资料结合方式不同,社会各阶级在生产中所处的地位就不同,产品的分配方式也因此不同。有什么样的生产方式,就有什么样的分配方式,所有制决定收入分配。所有制不仅决定收入分配,而且也决定着资源的分配,市场不是资源配置的唯一手段:奴隶制奴隶主完全垄断资源,封建制地主决定土地资源的配置,资本主义所有制资本家决定资本配置,包括劳动力资源的配置。要改变资本主义分配方式,必须从根本上改变资本主义的生产方式,消灭资本主义私有制。

　　马克思把重点放在所有制问题上，放在用生产资料公有制取代、消灭私有制上，《哥达纲领》草案把重点转移到分配问题上，把分配方式看成是脱离生产方式的东西，把分配看作事物的本质并把重点放在它上面，这实质上是本末倒置。拉萨尔的这种分配决定论根本上掩盖了资本主义私有制，仅仅停留在生产方式的改革是不能从根本上解决问题的。必须看到决定分配方式背后的因素即生产资料的所有制问题，只有消灭了现存的生产资料的私有制，建立生产资料全社会共有，才能从根本上解决分配不公的问题。马克思指出，生产决定分配还是分配决定论，这不是一般的思想分歧，"把所谓分配看作事物的本质并把重点放在它上面，那也是根本错误的。"

　　马克思坚持认为生产决定分配、所有制形式决定分配方式这样明显的真理。分配方式决定于生产方式，决定于生产资料归谁所有。在资本主义社会，生产资料为资本家所占有，工人阶级不占有任何生产资料，工人是自由的一无所有。资产阶级凭借对生产资料的占有雇佣工人进行生产，剥削工人创造的剩余价值，工人只能靠出卖劳动力获得工资——劳动力的价值。这种不公平的分配方式，正是资本主义私有制生产方式所决定的。只要资本主义的这种生产方式存在一天，对工人阶级来说就不可能有什么公平分配。因此，要实现分配公平，就必须消灭资本主义私有制。分配方式的变革依赖于生产方式的变革。然而，《哥达纲领》草案避而不谈私有制、生产方式的变革，空谈"公平分配""平等权利"，完全是对马克思主义和无产阶级根本利益的背叛，因此，工人阶级的根本任务是消灭资本主义所有制，使自己成为生产资料的主人，自己决定生产什么，生产多少，怎样生产等，成为自由的人。

　　马克思主义政治经济学告诉我们，社会生产总过程包括：生产、分配、交换、消费4个环节。4个环节之间存在着相互联系、相互制约的辩证关系。其中生产决定分配、交换和消费；分配、交换和消费又反作用于生产。**生产决定分配、交换和消费表现在**：第一，分配、交换和消费的对象是由生产提供的。没有生产，就没有分配、交换和消费。第二，生产的发展状况，决定分配、交换和消费的水平、结构和方式。第三，生产的社会性质，决定分配、交换、消费的社会性质。**分配、交换、消费对生产的反作用表现在**：第一，分配、交换和消费是生产的实现，又是生产连续进行的条件。第二，分配、交换和消费的状况好可以促进生产的发展。具体说即：适合生产力发展的分配方式，能够调动生产者的积极性，促进生产的发展，反之则起阻碍作用；交换的发展能促进生产的发展，反之则阻碍生产的发展；消费使生产出来的产品最终得到实现，消费为生产的发展创造出动力，反之则阻碍生产力的发展。总而言之，生产过程、分配过程、交换过程、消费过程，共同组成物质生产总过程，形成整个社会的经济活动，而生产在其中是起决定性的作用，决定分配、交换、消费。

第三，马克思进一步指出："难道经济关系是由法权概念来调节，而不是由经济关系来产生出法权关系吗？"首先理解法权概念和法权关系。**法权概念**应从广义及狭义层面上理解。广义上的法权概念反映其主观应该性，而狭义的法权概念反映其实然客观存在，即法权是通过法律确认与保护的权利。法律性是法权的最基本属性，也决定了法权的缺陷性。**法权关系**根据马克思的研究，简言之，就是指由国家保护着的，以法律手段调整社会而出现的一种社会现象和社会关系。这种关系和要求基于法律而产生，以人们在社会生产和其他活动中应当严格遵守的权利和义务为内容。法权关系的产生和发展是由社会经济关系决定的，因而，社会主义法权关系与资本主义法权关系有着本质的区别。由此可知，"平等""公平"是法权概念，属于思想的上层建筑范畴；而分配方式则是一种经济关系，是经济基础的一部分，前者是上层建筑，后者经济基础。拉萨尔鼓吹"按照平等的权利"、"公平分配劳动所得"就是把"平等""公平"这些抽象的法的概念当作调节经济关系的先验的、永恒的原则，这就根本违反了经济关系决定法的概念的历史唯物主义。马克思主义认为，经济基础决定上层建筑，而不是反过来，上层建筑决定经济基础。纲领草案不谈从根本上改变资本主义经济基础，而指望用"平等""公平"这些法权观念调节分配方式，即用上层建筑（法权）决定经济基础（分配），完全违背马克思历史唯物主义的社会基本矛盾原理。

第四，各种社会主义宗派分子都提出过"公平分配"的口号和主张。如圣西门派曾经提出过按工效定能力，按能力计报酬的主张；傅立叶派主张将社会劳动总收入按参加者的劳动、资本、才能进行分配；欧文派提出"工人有获得全部劳动产品的权利"的口号；英国工联主义则主张"做一天公平的工作，得一天公平的工资"，等等。这些有识之士都看到了资本主义分配制度的不合理，并主张改变这种不合理的分配制度，但是他们都根本不提消灭资本主义私有制。当马克思主义诞生并在工人运动中广泛传播，消灭资本主义剥削制度的革命思想、科学社会主义的普遍真理已经逐渐被工人阶级接受之后，《哥达纲领》还在宣扬和坚持拉萨尔的所谓"公平分配"的机会主义观点，这是多么严重、不可原谅的错误和倒退！

在《哥达纲领批判》的第一章第三节，马克思还批判了所谓"不折不扣的劳动所得"的谬论。

"不折不扣的劳动所得"是拉萨尔的观点，纲领草案毫无原则地接受了拉萨尔的这一观点。对此，马克思给予了尖锐的批判。马克思把"劳动所得"这个极为模糊不清的用语明确为劳动产品，那么，集体劳动所得就是社会总产品。社会总产品就是在一定时期内（通常是一年）所生产的全部劳动产品的总和，其中包括生产资料和生活资料。

马克思指出，"不折不扣的""劳动所得"是违背社会再生产和社会主义总产品分配原理的。对社会总产品的分配不会是不折不扣的分配，而是有折有扣的分配。按照马克思主义社会再生产原理，社会再生产是扩大再生产，要扩大再生产，就必须积累，因此，在将社会总产品分配给个人之前必须进行各种必要的扣除，首先要扣除 3 项费用："第一，用来补偿消费掉的生产资料的部分。第二，用来扩大再生产的追加部分。第三，用来应付不幸事故、自然灾害的后备基金或保险基金。"其中第一部分——补偿消费掉的生产资料的部分是用来维持简单再生产所必须的部分；第二部分——追加部分是用于积累和扩大再生产的；第三部分——后备基金、保险基金是用于应付突然事变的。显然，要维持社会的再生产并推动其不断发展，这些扣除每一项都是必不可少的。社会总产品在做了上述各项扣除之后，剩下的部分才是用于社会成员个人消费的。但是扣除后的社会总产品在分配到个人之前，还必须做如下 3 项扣除以作为公共消费，即："第一，和生产没有关系的一般管理费用"；"第二，用来满足共同需要的部分，如学校、保健设施等"；"第三，为丧失劳动能力的人等等设立的基金"。这些扣除虽然与社会生产没有直接关系，但是对于一个国家行使其各项社会职能，维护社会正常运行，为社会生产的发展创造一个正常、有利的社会环境，则是必不可少的。马克思指出："从一个处于私人地位的生产者身上扣除的一切，又会直接或间接地用来为处于社会成员地位的这个生产者谋福利。"这就是说，一方面，劳动者作为个人，他的劳动所得被扣除了，但另一方面，他作为社会成员，又直接或间接地从社会集体福利中得到了享受、回报，被扣除的部分仍然以集体福利的形式为生产者自己所享用了。

社会总产品在做出上述 6 项扣除之后，剩下来的部分才能在劳动者之间进行分配。这样，正如马克思所指出的那样，"'不折不扣的劳动所得'已经不知不觉地变成了'有折有扣的'了"。

关于共产主义的高级阶段，马克思指出："在共产主义社会高级阶段上，在迫使人们奴隶般地服从分工的情形已经消失，从而脑力劳动和体力劳动的对立也随之消失之后；在劳动已不仅仅是谋生的手段，而且本身成了生活的第一需要之后；在随着个人的全面发展生产力也增长起来，而集体财富的一切源泉都充分涌流之后，——只有在那个时候，才能完全超出资产阶级法权的狭隘眼界，社会才能在自己的旗帜上写上：各尽所能，按需分配！"马克思对于共产主义的科学预见，阐明了从社会主义社会发展到共产主义社会的基本条件——分工消失，脑力劳动和体力劳动的对立消失，劳动成了生活的第一需要，个人的全面发展，生产力增长起来，集体财富充分涌流。之后，揭示了共产主义社会的基本特征——生产力高度发达，物质财富极大丰富，个人全面自由发展，社会产品各尽所能，按需分配。

在《哥达纲领批判》中，马克思批判了拉萨尔的分配决定论，马克思指出"消费资料的任何一种分配都不过是生产条件本身分配的结果；而生产条件的分配，则表现生产方式本身的性质。"① 阐明了生产决定分配、所有制形式决定分配方式这样明显的真理。分配方式决定于生产方式，在资本主义社会，生产资料为资本家所占有，工人阶级一无所有，资产阶级凭借对生产资料的占有剥削工人创造的剩余价值，工人只能靠出卖劳动力获得工资——劳动力的价值。这种不公平的分配方式，正是资本主义私有制生产方式所决定的。只要资本主义生产

① 马克思恩格斯. 《马克思恩格斯选集》（第三卷）北京：人民出版社，1995：第 306 页

方式存在，对工人阶级就不可能有什么公平分配。因此，要实现分配公平，就必须消灭资本主义私有制。"我们这里所说的是这样的共产主义社会，它不是在它自身基础上已经发展了的，恰好相反，是刚刚从资本主义社会中产生出来的，因此它在各方面，在经济、道德和精神各方面都还带着它脱胎出来的那个旧社会的痕迹。所以，每一个生产者，在做了各项扣除之后，从社会方面正好领回他所给予社会的一切。他所给予社会的，就是他个人的劳动量。"即我们称之为的"按劳分配"。

按劳分配分配方式建立在生产力高度发达的基础之上：生产资料社会所有制；消除商品经济；消除劳动和资本的对立，实现劳动者与生产资料的直接结合。一个社会采取什么样的分配方式，是由该社会的生产力发展水平和与之相适应的经济制度，特别是生产资料所有制的性质决定的。社会主义社会个人消费品分配采取按劳分配原则，是由下列经济条件决定的：**首先**，生产资料公有制是按劳分配的前提。生活资料的任何一种分配，都不过是生产条件本身分配的结果，这是马克思主义经济学的一条基本原理。生产条件本身的分配主要是指生产资料归谁占有和支配，在社会主义社会，生产资料公有制在所有制结构中是主体，在公有制基础上，劳动者对生产资料共同占有，决定劳动成果也应归劳动者共同所有。在人类历史上，第一次实现了生产资料占有关系上的平等，任何人都不能凭借公有的生产资料无偿地占有他人的劳动。另外，在公有制基础上，劳动者所给予社会的，所能进行比较的，只有他们的劳动。劳动数量的多少、质量的高低，也就成了个人消费品分配的唯一依据。所谓生产资料公有制是按劳分配的前提，其意思只是说明，没有生产资料公有制就根本谈不上个人消费品的按劳分配。但是，仅从公有制本身还不能充分说明按劳分配的客观必然性。因为，公有制下也可实行平均分配，也可实行按需分配。

其次，劳动分工，特别是旧式劳动分工的存在是实行按劳分配的直接原因。劳动分工，特别是旧式三大差别的存在，不仅束缚了劳动者的全面发展，也引起劳动差别的长期存在，这种差别在分配上应予以承认，并在个人消费品分配上反映出来，要求按照劳动者向社会提供的劳动的数量和质量分配个人消费品。**再次**，劳动是谋生手段是实行按劳分配的直接原因。社会主义社会，每个劳动者不可能不计报酬地为社会劳动，人们要把劳动看作获取收入、维持生活的手段。因此，人们要把劳动同收入联系起来。**最后**，生产力水平相对低，是实行按劳分配的终极原因。分配方式根本上取决于可分配的产品的数量。社会主义社会生产力发展水平比较低，生产的社会产品数量有限，能够用来分配的个人消费品也有限。因此，只能采取对全体劳动者来讲都比较公平的方式，即按劳动者为社会提供劳动量的多少来分配个人消费品，并以此来促进社会生产力的不断提高。

关于"分配理论"的人物及主张

人物	圣西门	傅立叶	欧文	英国工联主义	拉萨尔	马克思
口号和主张	按工效定能力，按能力计报酬	将社会劳动总收入按参加者的劳动、资本、才能进行分配	"工人有获得全部劳动产品的权利"的口号	"做一天公平的工作，得一天公平的工资"	"不折不扣劳动所得"	共产主义第一阶段有折有扣"按劳分配"，高级阶段"按需分配"

二、社会主义按劳分配原则

【原文】

在一个集体的，以共同占有生产资料为基础的社会里，生产者并不交换自己的产品；耗费在产品生产上的劳动，在这里也不表现为这些产品的价值，不表现为它们所具有的某种物的属性，因为这时和资本社会相反，个人的劳动不再经过迂回曲折的道路，而是直接地作为总劳动的构成部分存在着。于是，"劳动所得"这个由于含意模糊就是现在也不能接受的用语，便失去了任何意义。

我们这里所说的是这样的共产主义社会，它不是在它自身基础上已经**发展了的**，恰好相反，是刚刚从资本主义社会中**产生出来的**，因此它在各方面，在经济、道德和精神各方面都还带着它脱胎出来的那个旧社会的痕迹。所以，每一个生产者，在做了各项扣除之后，从社会方面正好领回他所给予社会的一切。他所给予社会的，就是他个人的劳动量。例如，社会劳动日是由所有的个人劳动小时构成的；每一个生产者的个人劳动时间就是社会劳动日中他所提供的部分，就是他在社会劳动日里的一份。他从社会方面领得一张证书，证明他提供了多少劳动（扣除他为社会基金而进行的劳动），而他凭这张证书从社会储存中领得和他所提供的劳动量相当的一份消费资料。他以一种形式给予社会的劳动量，又以另一种形式全部领回来。

显然，这里通行的就是调节商品交换（就它是等价的交换而言）的同一原则。内容和形式都改变了，因为在改变了的环境下，除了自己的劳动，谁都不能提供其他任何东西，另一方面，除了个人的消费资料，没有任何东西可以成为个人的财产。至于消费资料在各个生产者中间的分配，那么这里通行的是商品等价物的交换中也通行的同一原则，即一种形式的一定量的劳动可以和另一种形式的同量劳动相交换。

所以，在这里**平等的权利**按照原则仍然是**资产阶级的法权**，虽然原则和实践在这里已不再互相矛盾，而在商品交换中，等价物的交换只存在于**平均数中**，并不是存在于每个个别场合。

虽然有这种进步，但这个**平等的权利**还仍然被限制在一个资产阶级的框框里。生产者的权利是和他们提供的劳动**成比例的**；平等就在于以**同一的尺度**——劳动——来计量。

但是，一个人在体力或智力上胜过另外一个人，因此在同一时间内提供较多的劳动，或者能劳动较长的时间；而劳动，为了要使它能够成为一种尺度，就必须按照它的时间或强度来确定，不然它就不成其为尺度了。这种**平等的**权利，对不同等的劳动来说是不平等的权利。它不承认任何阶级差别，因为每个人都像其他人一样只是劳动者；但它默认劳动者不同等的个人天赋，因而也就默认劳动者不同等的工作能力是天然特权。**所以就它的内容来讲，它像一切权利一样是一种不平等的权利。**权利，就它的本性来讲，只在于使用同一的尺度；但是不同等的个人（而如果他们不是不同等的，他们就不成其为不同的个人）要用同一的尺度去计量，就只有从同一个角度去看待他们，从一个**特定的**方面去对待他们，例如现在所讲的这个场合，把他们只**当作劳动者**；再不把他们看作别的什么，把其他一切都撇开了。其次，一个劳动者已经结婚，另一个则没有；一个劳动者的子女较多，另一个的子女较少，如此等等。在劳动成果相同，从而由社会消费品中分得的份额相同的条件下，某一个人得到的事实上比另一个人多些，也就比另一个人富些，如此等等。要避免所有这些弊病，权利就不应当是平等的，而应当是不平等的。

但是这些弊病，在共产主义社会第一阶段，在它经过长久的阵痛刚刚从资本主义社会里产生出来的形态中，是不可避免的。权利永远不能超出社会的经济结构以及由经济结构所制约的社会的文化发展。

在这里马克思在批判拉萨尔庸俗社会主义分配决定论时，运用唯物辩证法的发展观点，第一次提出了共产主义社会发展的两个阶段即共产主义第一阶段和高级阶段，论述了共产主义第一阶段的基本特征和个人消费品分配的原则。

第一，社会主义社会的基本特征及其分配原则。马克思在这里明确地提出了共产主义社会有两个发展阶段：关于共产主义社会的第一阶段，马克思说："我们这里所说的是这样的共产主义社会，它不是在它自身基础上已经发展了的，恰好相反，是刚刚从资本主义社会中产生出来的，因此它在各方面，在经济、道德和精神各方面都还带着它脱胎出来的那个旧社会的痕迹。"

共产主义的第一阶段——即社会主义社会的基本特征是什么？马克思指出：共产主义社会刚从资本主义社会中产生出来，因此，它在各方面，在经济、道德、精神方面都还带着它脱胎出来的那个旧社会——资本主义社会的痕迹。社会主义已经形成了以生产资料公有制为主体的所有制结构，劳动者成为社会生产的主人，劳动者相互之间是平等互助合作的同志式关系。但是，由于社会主义社会还是共产主义的低级阶段，与未来的共产主义高级阶段相比，还存在不少缺陷，主要表现在：生产力发展水平还不高，由此就决定了社会主义公有制的公有化程度还不高；劳动者还没有得到全面的发展；旧式分工、体力劳动和脑力劳动的差别还存在；社会总产品还没有达到极大的丰富；人们的思想觉悟水平也还没有极大提高，人们的头脑中还存在着许多旧的思想和习惯势力，等等。这是对社会主义社会基本特征的高度概括。

共产主义第一阶段与共产主义高级阶段对比表

	所有制	分配方式	战　争	三大差别	阶级、国家
共产主义低级阶段	公有制主体	按劳分配	存在	存在	存在
共产主义社会	单一公有制	按需分配	无	无	无

由于社会主义社会生产力发展水平还不高，体力劳动和脑力劳动的差别还存在，社会物质财富还没有达到极大的丰富，人们的思想觉悟水平还没有极大提高，这就决定社会主义的分配方式只能是按劳分配。即"每一个生产者，在作了各项扣除之后，从社会方面正好领回他所给予社会的一切。他所给予社会的，就是他个人的劳动量。……从社会方面领得一张证书，证明他提供了多少劳动（扣除他为社会基金而进行的劳动），而他凭这张证书从社会储存中领得和他所提供的劳动量相当的一份消费资料。他以一种形式给予社会的劳动量，又以另一种形式全部领回来。"这就是马克思当时所设想的社会主义按劳分配的形式。这里没有货币，没有商品交换，没有市场，每个劳动者凭一张社会证书从社会储存中领得一份消费资料。

第二，社会主义按劳分配的性质。马克思在提出社会主义的按劳分配原则之后，深刻地分析了社会主义按劳分配所通行的原则及其性质。马克思说："至于消费资料在各个生产者中间的分配，那么这里通行的是商品等价物的交换中也通行的同一原则，即一种形式的一定量的劳动可以和另一种形式的同量劳动相交换。"这就是等量劳动相交换，它和商品等价交换的原则是相同的。因为价值是由社会必要劳动时间决定的，所以按价值交换也就是等量劳动交换。然而，尽管是同一原则，但在内容和形式上都已经改变了。**从内容上说**，两种交换反映的社会关系性质不同：社会主义按劳分配反映的是劳动者个人同社会之间的关系；等价交换反映的是商品生产者之间的关系，在资本主义社会，是雇佣劳动者同资本家之间的关系。**从形式上说**，按劳分配是凭劳动证明书进行的直接消费资料分配；而等价交换是利用商品货币关系在市场上交换产品。无论按劳分配，还是等价交换，都遵循权利平等的原则。在社会主义按劳分配中，劳动者和社会都要求劳动的交换平等，在商品交换中，商品生产者双方都要求价值相等。但是，马克思认为，在商品等价交换中，平等原则和社会实践是相互矛盾的。因为在商品交换中，等价交换只有在全社会商品的总和中或平均数中才存在，而不是在每一个个别场合都存在。在社会主义按劳分配中，马克思认为这种矛盾已不存在，即不但从总体上，而且在每个个别场合都是等量劳动与等量产品的交换。也就是说，在每个场合，社会都是按照劳动者提供的劳动，分配给他相等数量的消费资料。

我们看到，马克思当年的设想与今天我们的社会主义实践的结果已有很大的差异。今天的社会主义社会还存在着商品经济，按劳分配还需要通过商品货币关系而不是凭劳动证明书来实现，并且，按劳分配还不能在全社会范围内，按统一的标准统一实行，而必须以企业为中介来进行。企业要将集体生产的产品在市场上出卖，产品出卖后所实现的价值，即所获得的货币量，恰好等于实际劳动的消耗量的情况是极少有的情况，更多的情况则产品出卖所获得的货币量多于或少于实际的劳动消耗量。如此，每一个劳动者所分得的货币量也会多于或少于他所付出的实际劳动量（作出各种必要扣除之后）。

第三，对于按劳分配的历史评价。一方面，按劳分配是人类社会分配制度史上的一场巨大的革命，它同资本主义的分配制度相比具有伟大的历史进步性，因为它彻底否定了历史上一切形式的不劳而获，承认只有劳动者才有参加分配的权利，劳动者在历史上第一次以社会生产的主人的资格，按照平等的权利享有自己的劳动成果，因而极大地激励了广大劳动者的生产劳动积极性和主动性，它与以往任何一种分配制度相比，都具有无可比拟的优越性。另一方面，马克思还指出了按劳分配的历史局限性和不可避免的弊病。这种局限性和弊病，就是按劳分配的平等权利"仍然是资产阶级的法权"，"仍然被限制在一个资产阶级的框框里"。这里所说的资产阶级法权，是指平等获利是以不平等为前提的，按劳分配的平等权利也包含着这种形式上的平等而事实上的不平等。具体表现在，按劳分配的平等权利的原则，只承认劳动是参加分配的唯一权利，并且按照劳动者个人所提供的劳动数量按比例分配消费资料。"平等就在于以同一尺度——劳动——来计量。"运用劳动这个同一尺度来衡量当然是平等的，但是被衡量的个人却是各不相同的。比如，有的人劳动能力强些，有的人劳动能力弱些，因而在同一时间内，前者所提供的劳动量会比后者多，因而按照按劳分配原则，前者所分得的消费资料也会比后者多。这样就产生了不同的劳动者所拥有的消费资料数量上的差别。因此，马克思说："这种平等的权利，对不同等的劳动者来说是不平等的权利。""它默认不同等的个人天赋，因而也就默认不同等的工作能力是天然特权。所以就它的内容来讲，它像一切权利一样是一种不平等的权利。"如果再考虑到各个劳动者家庭人口多少的差别，生活负担轻重的不同等各种因素，那么，即使在每个劳动者提供的劳动量相等，所分得的消费资料也相等的情况下，各个人的实际所得也仍然不相等，家庭人口多的困难一些，家庭人口少的富裕一些，不同家庭富裕程度仍然存在差别，因而事实上还是存在差距、存在不平等。而"要避免这些弊病，权利就不应当是平等的，而应当是不平等的。"

社会主义社会，在个人消费品的分配上，实行按劳分配。按劳分配原则，由于的生产力水平不高，物质财富没有极大丰富，人们精神境界没有极大提高等原因，决定了共产主义低级阶段无法实现按需分配，只能是按劳分配。即每一个生产者，在作了各项扣除以后，从社会方面正好领回的他给予社会的一切。所谓按劳分配即是指在公有制经济中，多劳多得，少劳少得，不劳不得。这种分配原则是低级阶段的现实状况决定的。实行"按劳分配"原则无疑是历史的巨大进步。但也要看到，社会主义还不是共产主义，还没有消除对不同等的人按不等量的劳动给予等量产品的"资产阶级权利"。按劳分配使用同一的尺度——劳动对待工作能力和家庭负担各不相同的个人，必然出现富裕程度的差别，因而平等只是形式上的，而不是事实上的。马克思指出，这是一种"弊病"，"但是这些弊病，在共产主义社会第一阶段，在它经过长久的阵痛刚刚从资本主义社会里产生出来的形态中，是不可避免的。权利永远不能超出社会的经济结构以及由经济结构所制约的社会的文化发展。"马克思的这一论断，对共产主义低级阶段社会主义的特征作了科学的说明。

紧接着，马克思又指出了按劳分配所包含的这种事实上的不平等的弊病，是由社会主义社会的生产力发展状况、经济结构的特点所决定的，同时也与社会主义阶段社会文化发展和人们思想觉悟程度等密切相联系。如果我们脱离当时社会经济、文化发展实际，硬要主观主义地"纠正"按劳分配中包含的这些弊病，实行人人平均主义的分配，其结果只能是严重挫伤劳动者的积极性，破坏社会生产力。

马克思解释共产主义低级阶段的按劳分配"这种平等的权利，对不同等的劳动来说是不平等的权利。它不承认任何阶级差别，因为每个人都像其他人一样只是劳动者；但它默认劳动者不同等的个人天赋，因而也就默认劳动者不同等的工作能力是天然特权。"①

只有到了共产主义社会，生产力高度发达，人们精神境界极大提高，每个人自由全面发展，实行了"各尽所能，按需分配"的时候才能达到真正的平等。按照历史唯物主义，我们必须把平等问题放到具体的历史环境中。

马克思《哥达纲领批判》提到，在共产主义社会的低级阶段，由于生产力水平低，"公平"总是相对的，不是绝对的，并不能实现完全意义上的公平，对公平的追求需要一个过程，是在经济不断发展，在社会各方面的体制不断完善的基础上逐渐接近公平的过程。因此，公平不是一蹴而就的，实现公平需要时间，需要全社会共同的努力。

三、共产主义按需分配原则

【原文】

在共产主义社会高级阶段上，在迫使人们奴隶般地服从分工的情形已经消失，从而脑力劳动和体力劳动的对立也随之消失之后；在劳动已不仅仅是谋生的手段，而且本身成了生活的第一需要之后；在随着个人的全面发展生产力也增长起来，而集体财富的一切源泉

---

① 马克思恩格斯. 《马克思恩格斯选集》（第三卷）北京：人民出版社，1995：第 303 页

都充分涌流之后，——只有在那个时候，才能完全超出资产阶级法权的狭隘眼界，社会才能在自己的旗帜上写上：各尽所能，按需分配！

在这里，马克思提出了共产主义社会的基本特征和分配原则。

马克思在阐明共产主义低级阶段——社会主义社会的基本特征和分配原则之后，又对共产主义高级阶段——共产主义社会的基本特征和分配原则进行了高度的概括，指出了共产主义社会的 3 个主要实现条件：

第一，"迫使人们奴隶般地服从分工的情形已经消失，从而脑力劳动和体力劳动的对立也随之消失"。① 这里所说的分工，是指使人终身被束缚于某一种职业的旧式分工，这种束缚人的旧式分工是由于社会生产力水平不高，经济和文化不发达所造成的。随着生产力的高度发展，经济和文化的高度发达，人的劳动能力将获得全面发展，既能从事脑力劳动，也能从事体力劳动，一个人能从事多种工作。在共产主义高级阶段上分工消失、脑力劳动与体力劳动的差别消失，人不再终身被束缚于某一种职业，这种束缚人的分工是由于社会生产力水平不高造成的，随着生产力的高度发展，经济和文化的高度发达，人的劳动能力将获得全面发展，既能从事脑力劳动，也能从事体力劳动，三大差别即脑力劳动和体力劳动差别、城乡差别、工农差别就会随之消失，人们终身束缚于某一种职业的旧式分工也将随之消灭。正如马克思、恩格斯《德意志意识形态》所描述的："在共产主义社会里，任何人都没有特殊的活动范围，而是都可以在任何部门内发展，社会调节着整个生产，因而使我有可能随自己的兴趣今天干这事，明天干那事，上午打猎，下午捕鱼，傍晚从

---

① 马克思恩格斯.《马克思恩格斯选集》（第三卷）北京：人民出版社，1995：第 85 页

事畜牧，晚饭后从事批判，这样就不会使我老是一个猎人、渔夫、牧人或批判者。"

第二，"劳动已经不仅仅是谋生的手段，而且本身成了生活的第一需要"。劳动在至今一切社会里都是谋生的手段。以往的社会，一方面由于科学技术不发达，劳动十分繁重，另一方面由于劳动者很少占有甚至完全没有生产资料，资本主义社会无产阶级必须靠出卖劳动力谋生，劳动产品不属于劳动者，获得的工资是劳动力的价格，因而劳动就成为人们的一种负担。即使是在社会主义社会里，人们仍把劳动看作谋生手段，计较劳动报酬，多劳不多得就会影响劳动积极性。到了共产主义社会则不同了，一方面由于科学技术的高度发达，劳动已变得轻松和自由，而且富于创造性，使得人们都乐于劳动，无须监督，另一方面，人们的思想觉悟极大地提高，加上物质财富的极大丰富，因而人们不再斤斤计较劳动报酬。到那时，劳动具有了崭新的意义，成了人们生活的第一需要，成为一种完全自觉的人类社会活动。

第三，"随着个人的全面发展，生产力也增长起来，而集体财富的一切源泉都充分涌流。"即社会总产品随着生产力的高度发达已极大地丰富，能够充分满足人们的物质文化生活需要。生产力高度发展是共产主义社会的基本特征，也是实现共产主义社会的必要条件。马克思恩格斯在《共产党宣言》中充分肯定了资本主义在发展生产力方面的成就，并认为资本主义所创造的生产力为共产主义的实现准备了物质基础。生产力高度发展又是共产主义社会的本身的一个重要特征。适应社会化大生产的需要，共产主义社会将彻底废除私有制，实行普遍的生产资料公有制。

只有在上述 3 项条件完全满足的情况下，人们才能完全超出资产阶级权力的狭隘眼界，社会才能在自己的旗帜上写上："各尽所能，按需分配！"即每一个社会成员主观上愿意尽其所能，客观上又具备了尽其所能的物质文化条件，社会则按其成员的需要分配消费品。

在《哥达纲领批判》中，马克思提出，共产主义社会分为两个阶段，即共产主义社会的第一阶段和共产主义社会高级阶段。共产主义社会第一阶段就是我们常说的社会主义社会"……刚从资本主义社会中产生出来，因此它在各方面，在经济、道德和精神方面都还带着它脱胎出来那个旧社会的痕迹。"因此，在社会主义社会中，阶级斗争将长期存在，阶级和国家也依然存在等等，"但是这些弊端，在经过长久阵痛的刚刚从资本主义社会产生出来的共产主义第一阶段，是不可避免的。"只有到了共产主义社会高级阶段，在迫使个人奴隶般地服从分工和资本主义私有制消失以后才会消除阶级和阶级斗争，才会消除三大差别。

拉萨尔与马克思分配理论对比表

分配论	所有制	分配方式	重点问题	决定因素	如何实现
拉萨尔分配论	私有制	"公平分配"	分配	分配决定论	"公平分配"
马克思社会主义分配论	公有制为主体	按劳分配	所有制（公有制为主体）	生产决定分配	公有制为主体
马克思共产主义分配论	单一公有制	按需分配	所有制（单一公有制）	按需要分配	消除私有，单一公有

第四节　工农联盟是社会主义
革命胜利的决定性条件

在第四节，马克思批判《哥达纲领》诬蔑农民是"反动的一帮"的错误，阐明农民是无产阶级的可靠同盟军。

一、诬蔑农民是"反动的一帮"的错误

【原文】

4. "劳动的解放应当是工人阶级的事情，对它说来，其他一切阶级只是反动的一帮。"

前一句是从国际章程的导言中抄来的，但是经过了"修订"。那里写道："工人阶级的解放应当是工人自己的事情"，这里却说"工人阶级"应当解放——解放什么——"劳动"。谁能了解，就让他去了解吧！

另一方面，作为一种补偿，后一句却纯粹引用了拉萨尔的话："对他（工人阶级）说来，其他一切阶级**只组成反动的一帮**。"

在《共产党宣言》里写道："在当前同资产阶级对立的一切阶级中，只有无产阶级是**真正革命的阶级**。其余的阶级都随着大工业的发展而日趋没落和灭亡，无产阶级却是大工业本身的产物。"

在这里，资产阶级作为大工业的体现者，对那些力求保持过时的生产方式所创造的一切社会阵地的封建主和中间等级说来，是被

当作革命阶级看待。所以他们并不是**同资产阶级一起**组成反动的一帮。

另一方面，无产阶级对资产阶级来说是革命的，因为它本身是在大工业基础上成长起来的，它力求使生产摆脱资产阶级企图永远保存的资本主义性质。但是，《宣言》又补充说："中间等级……是革命的，那是鉴于他们即将转入无产阶级的队伍。"

所以，从这个观点来看，说什么对工人阶级来说，中间等级"同资产阶级一起"并且加上封建主"只组成反动的一帮"，这也是荒谬的。

难道在最近这次选举中有人向**手工业者，小工业家**等等以及**农民**宣布说："对我们说来，你们同资产者和**封建主**一起只组成反动的一帮"吗？

拉萨尔熟知《共产党宣言》，就像他的信徒熟知他的福音书一样。他这样粗暴地歪曲《宣言》，不过是为了粉饰他同专制主义者这些敌人结成的资产阶级联盟。

此外，在上面这一段里他的格言是勉强被塞进去的，他同那句从国际章程中摘来但被歪曲了的引语毫不相干。这纯粹是一种狂妄无耻的做法，这种做法当然绝对不是俾斯麦先生所不喜欢的，这是柏林的马拉所干出来的廉价的无耻行径之一。

《哥达纲领》草案第四条中有两句话，第一句话是"劳动的解放应当是工人阶级的事情"；第二句话是"其他一切阶级只是反动的一帮"。其中第一句话"劳动的解放应当是工人阶级的事情"是从国际工人协会临时章程的导言中抄来的，但是经过"修订"、修改了的。国际工人协会临时章程导言中写道："工人阶级的解放应当是工人自己的事情"，这句话是对的。工人阶级的解放的确是工人阶级自己的事情，《国际歌》中唱到："从来就没有什么救世主，也不靠神仙皇帝。要创造人类的幸福，全靠我们自己！"无产阶级的解放不能幻想、不能寄希望于当权者、统治阶级发慈悲、恩赐，而是要靠自己的奋斗、革命来争取。可是，《哥达纲领》草案却把它改成"劳动的解放应当是工人阶级的事情"，

"工人阶级"应当解放"劳动"，这是什么意思？何为劳动的解放？劳动怎么解放？谁能了解？马克思讽刺说："就让他去了解吧！"

《哥达纲领》中："劳动的解放应当是工人阶级的事情，对它说来，其他一切阶级只是反动的一帮。"这里的"其他一切阶级"就是"中间等级"。**中间等级**从初始的脉络来看，中间等级原是放在阶级斗争的历史分析中来谈的，也就是说，中间等级只不过是介于资产阶级和无产阶级之间的一个暂时的身份，在市场竞争中获利者，有少数可能上升为资产阶级，大部分的人则是降落下来，补充了无产阶级的队伍。最后，都是在阶级斗争的辩证中，为取消阶级而做准备。包括：小工业家、小商人、手工业者、农民。但主要是农民。事实上，包括农民在内的"中间等级"并不是"反动的一帮"，农民受容克地主、土地所有者的剥削和压迫，是反对普鲁士封建专制制度的革命力量，是无产阶级的天然可靠的同盟军。

马克思主义认为，无产阶级和农民的巩固联盟是社会主义革命胜利的决定性条件，特别是在农民占多数的国家更是如此。所以，加强工农联盟非常重要。《哥达纲领》之所以抹煞农民的革命性，完全是为了粉饰拉萨尔派要同普鲁士专制主义者和封建主义者这些革命的敌人结成反资产阶级联盟的企图，即为了讨好普鲁士封建地主专制政权，诬蔑农民，诬蔑农民是"反动的一帮"，否定农民的革命性。拉萨尔派同普鲁士专制主义者和封建主义者对待农民的立场、观点、态度是一致的，这根本不是无产阶级的立场。

二、"中间等级"的革命性

马克思在批判《哥达纲领》中除了无产阶级，"其他一切阶级只是反动的一帮"的错误的同时，分析了在当时德国封建专制与资本主义结合的军事帝国的社会各阶级的性质、对待革命的态度。马克思指出，正如《共产党宣言》所说："在当前同资产阶级对立的一切阶级中，只有无产阶级是真正革命的阶级。"社会化大生产形成了无产阶级高度的组织性、纪律性、先进性、团结性，对于一无所有的无产阶级来说，革命只能失去颈上的锁链，这就使他们具有革命的彻底性，大无畏的牺牲精神。当无产阶级觉醒、意识到自己被剥削、被压迫的地位，由自在的阶级转变为自为的阶级的时候，在马克思主义的指导下，一定能够推翻资本主义制度，获得自身的解放。

除了无产阶级，"其他一切阶级"就是"中间等级"，关于"中间等级"，马克思在《共产党宣言》中明确指出："中间等级，即小工业家、小商人、手工业者、农民，他们同资产阶级作斗争，都是为了维护他们这种中间等级的生存，以免于灭亡。所以，他们不是革命的，而是保守的。不仅如此，他们甚至是反动的，因为他们力图使历史的车轮倒转。如果说他们是革命的，那是鉴于他们行将转入无产阶级的队伍，这样，他们就不是维护他们目前的利益，而是维护他们将来的利益，他们就离开自己原来的立场，而站到无产阶级的立场上来。"① 中间等级——小工业家、小商人、手工业者、农民，这些小私有者，他们往往具有两面性，一方面，为了维护他们中间等级的生存，维护他们的私利，他们和资本家一样剥削无产阶

---

① 马克思恩格斯.《马克思恩格斯选集》（第一卷）北京：人民出版社，1995：第 282 – 283 页

级，希望社会稳定，不至于使他们的私利受损；另一方面，同样是为了维护他们这种中间等级的生存，以免于被实力雄厚的大资本家吞噬，他们又同资产阶级作斗争。因为中间等级具有两面性，所以，我们不能一概地说他们是"反动的一帮"，他们既具有反革命性，又具有革命性。并且马克思恩格斯在《共产党宣言》中进一步分析："以前的中间等级的下层，即小工业家、小商人和小食利者，手工业者和农民——所有这些阶级都降落到无产阶级的队伍里来了，有的是因为他们的小资本不足以经营大工业，经不起较大的资本家的竞争；有的是因为他们的手艺已经被新的生产方法弄得不值钱了。无产阶级就是这样从居民的所有阶级中得到补充的。"[1] 从"中间等级"即将转入无产阶级的队伍，成为无产阶级阶级力量的补充来说，"中间等级"具有革命性。"说什么对工人阶级来说，中间等级'同资产阶级一起'并且加上封建主'只组成反动的一帮'，这也是荒谬的。"

由此，我们清楚地看到，无产阶级是革命的主力军，"中间等级"也具有革命性，是革命应该争取、联合的力量，无产阶级革命要团结一切可以团结的力量，建立最广泛的统一战线，消灭共同的敌人，革命的敌人是资产阶级和封建主阶级。尤其是"中间等级"中的农民，他们是无产阶级的可靠同盟军。工农联盟是社会主义革命胜利的决定性条件。

---

① 马克思恩格斯.《马克思恩格斯选集》（第一卷）北京：人民出版社，1995：第 280 页

第五节　无产阶级的国际主义

在第五节，马克思批判了《哥达纲领》中散布的资产阶级的狭隘民族主义，阐明了无产阶级的国际主义。

一、资产阶级狭隘民族主义的错误

【原文】

5."工人阶级为了本身的解放，首先是在**现代民族国家的范围内**进行活动，同时意识到，它的为一切文明国家的工人所共有的那种意图必然导致的结果，将是各民族的国际的兄弟联合。"

同《共产党宣言》和先前的一切社会主义相反，拉萨尔以最狭隘的民族观点来对待工人运动。有人竟在这方面追随他，而且这是在国际的活动以后！

为了能够进行斗争，工人阶级必须在国内组成为**一个阶级**，而且它的直接的斗争舞台就是本国，这是不言而喻的。所以，它的阶级斗争不是就内容来说，而是像《共产党宣言》所指出"就形式来说"是本国范围内的斗争。

无产阶级革命在形式上不能不表现为国内斗争，即一个国家的无产阶级革命只能在自己国家范围内进行，反对本国的资产阶级统治。但马克思特别指出，在本质、内容上，无产阶级革命是世界革命! 革命表现为各国特色,只能是形式上,在本质上搞一国"特色",那就不是真正的社会主义。

资产阶级狭隘民族主义是指一个民族在处理同其他民族的关系上所表现出来的狭隘的排他性的思想观点,是剥削阶级思想在民族关系上的反映。他们只看见自己的祖国,而不知道还有广阔的世界,才孕育出这种狭隘古老的感情。其特点是孤立、保守、排外。它是民族发展和民族团结联合的腐蚀剂。拉萨尔观点实质上就是狭隘民族主义。

马克思批判拉萨尔背弃无产阶级的爱国主义和国际主义的结合,用狭隘民族主义充当爱国主义,以最狭隘的民族主义观点对待工人运动,德国社会主义工人党的领袖们竟在这方面同意他、追随他,并且是在国际工人运动联盟之后! 他们根本没有无产阶级国际主义的眼界和胸怀。《哥达纲领》草案中说:"工人阶级为了本身的解放,首先是在现代民族国家的范围内进行活动",事实确实如此,无产阶级的革命斗争是在自己的国家进行的,是反对本国的统治阶级,"它的直接的斗争舞台就是本国,这是不言而喻的。"

《共产党宣言》一书中就开宗明义地宣称:"还有人责备共产党人,说他们要取消祖国,取消民族。工人没有祖国。决不能剥夺他们所没有的东西……"。既然马克思不承认工人阶级有所谓祖国,那爱国主义自然无从谈起。马克思和恩格斯在这方面的言论和行动还有好多,后者最显著的例子莫过于1870年普法战争爆发后马克思为"国际工人协会"(即第一国际)起草的两个宣言,其中除了笼统地号召各国工人团结起来,反对拿破仑三世的军事冒险外,作为德意志民族成员的马克思特别强调最好要让普鲁士在这场"王朝战争"中遭到失败,以粉碎俾斯麦用铁血"自上而下"统一德意志的图谋,这样就可以为"自下而上"的资产阶级民主革命和工人解放运动提供宝贵的机遇。正因为这样，马克思在《哥达纲领批判》等著作中同高唱"爱国主义"，不惜牺牲工人运动与俾斯麦取合作立场的拉萨尔等人进行了不调和的斗争。

正像《共产党宣言》所指出"就形式来说"是本国范围内的斗争。但是，就内容来说，世界各国无产阶级反对资产阶级的阶级斗争的实质是一样的，是有共性的。所以，全世界的无产阶级要互相学习、互相借鉴、互相沟通、互相交流、互相支持、互相帮助、互相鼓舞、互相联合，才能更有力量，战胜强大的敌人。

二、必须加强无产阶级的国际主义

【原文】

但是，"现代民族国家的范围"，例如德意志帝国，本身在经济上又处在"世界市场的范围内"，而在政治上则处在"国家体系的范围内"。任何一个商人都知道，德国的贸易同时就是对外贸易，而俾斯麦先生的伟大恰好在于他实行一种**国际的**政策。

而德国工人党把自己的国际主义归结为什么呢？就是意识到它的意图所导致的结果将是"**各民族的国际的兄弟联合**"。这句话是从资产阶级的和平自由同盟那里抄来的，它应当被当作各国工人阶级在反对各国统治阶级及其政府的共同斗争中的国际兄弟联合的等价物。这样，关于德国工人阶级的**国际职责**连一个字也没有提到！德国工人阶级就应当这样对付本国的，为反对工人阶级而已经同其他一切国家的资产者紧密联合起来的资产阶级和俾斯麦先生的国际阴谋政策！

实际上，这个纲领的国际主义，比那个自由贸易派的国际主义

还差得难以估量。自由贸易派也说，它的意图所导致的结果是"各民族的国际的兄弟联合"。但是它还做一些事使贸易成为国际性的，而决不满足于一切民族各自在本国内从事贸易的意识。

各国工人阶级的国际活动绝对不依赖于**"国际工人协会"**的存在。"国际工人协会"只是要为这种活动创立一个中央机关的第一个尝试；这种尝试由于它所产生的推动力已留下了不可磨灭的成绩，但是在巴黎公社失败之后，已经不能再以**它的第一个历史形态**继续下去了。

俾斯麦的《北德报》为了取悦于自己的主人，宣称德国工人党在新纲领中放弃了国际主义，它的这种说法是完全正确的。

无产阶级的革命斗争，首先是在现代民族国家的范围内进行活动，即在自己的国家进行的，是反对本国的统治阶级，但是，"现代民族国家的范围"本身又处在"世界市场的范围内"，资本主义工业、商业的发展，海外贸易、世界市场的形成、世界经济的一体化，世界历史的形成，世界各国紧密相连，这种形势下，一个国家的无产阶级革命往往具有全世界意义，而不是只局限于一个国家。

国际主义就是世界革命的同义词，世界革命的路线就是而且只能是国际主义的路线，而"爱国主义"或狭隘民族主义的路线恰恰是世界无产阶级革命的死敌，是国际资产阶级欺骗和涣散国际无产阶级阵营的有力武器，因此是必须加以无情克服的错误思想。无产阶级的国际主义的重大意义在于：国际主义，第一要求一个国家的无产阶级斗争的利益服从于全世界范围的无产阶级斗争的利益；第二要求正在战胜资产阶级的民族有能力和决心去为推翻国际资本而承担最大的民族牺牲"。为此必须时刻警惕"狭隘民族主义"的危害并同其作不调和的殊死博斗："把无产阶级专政由一国的（即存在于一个国家内的，不能决定全世界政治的）专政转变为国际的（即至少是几个先进国家的，对全世界政治能够起一定影响的）专政的任务愈迫切，同最顽固的狭隘民族主义这种祸害的斗争就愈会提到最重要地位。"按这里说的"狭隘民族主义"就是"爱国主义"。

为了加强国际联合，1864 年，国际工人联合组织——**国际工人协会**，又称第一国际（第二国际成立后，始称第一国际）应运而生。1864 年建立的国际工人联合组织，马克思是创始人之一和实际上的领袖。它的任务是在国际范围内组织各国工人阶级的力量，在工人运动的各种不同表现形式之间建立联系并把它们联合起来，保卫工人阶级的利益，为工人阶级的解放而斗争。第一国际是在 19 世纪 50 年代末、60 年代初欧洲工人运动和民主运动重新高涨的形势下产生的。1848 年革命后，欧洲资本主义飞速发展，资本主义世界市场形成，资本主义各国的联系越来越具有国际性质。与此同时，全世界劳动人民遭受的压迫日益加剧，无产阶级和被压迫人民的反抗斗争不断加强。反压迫反剥削的斗争实践使各国无产阶级认识到，他们有着共同的利益和共同的敌人，而以往分散的斗争常常使他们遭到同样的失败，无产阶级必须在国际范围内联合起来，用无产阶级的国际团结去对抗资产阶级的国际联合。这种国际主义意识促进了国际工人协会的产生。

1871 年，第一国际法国支部参加并领导了巴黎公社运动，但是随着巴黎公社的失败，组织也日渐衰弱，1876 年正式宣布解散。

对于国际联合的意义，商人懂得，普鲁士政府俾斯麦先生懂得，自由贸易派懂得，一切国家的资产者懂得，只有狭隘的拉萨尔不懂得。"任何一个商人都知道，德国的贸易同时就是对外贸易"；"俾斯麦先生的伟大恰好在于他实行一种国际的政策"；自由贸易派"还做一些事使贸易成为国际性的，而决不满足于一切民族各自在本国内从事贸易的意识"；为反对工人阶级，德国资产阶级已经同其他一切国家的资产者紧密联合起来；而拉萨尔只满足于"将是各民族的国际的兄弟联合"的意识，而没有任何行动。《哥达纲领》中"各民族的国际的兄弟联合"这一口号，无论普鲁士政府、德国资产阶级都能同意。作为无产阶级政党纲领的《哥达纲领》不能只提"各民族的国际的兄弟联合"这样没有阶级性、革命性的口号，不是世界各个民族之间的国际联合问题，而是全世界无产阶级联合问题。"各民族的国际的兄弟联合"是从资产阶级的和平和自由同盟那里抄来的，是资产阶级民族主义的翻版！而无产阶级的国际主义早在《共产党宣言》中就明确地表达出来，那就是："全世界无产者，联合起来！"没有全世界无产者的联合，就没有世界无产阶级革命的胜利，即使一国的无产阶级革命暂时取得了胜利，最终也要陷入失败。这是惊人的经验教训。所以，无产阶级在革命斗争中，必须加强无产阶级的国际主义。

对于在《哥达纲领》中关于"工人阶级为了本身的解放，首先是在现代民族国家的范围内进行活动，同时意识到，它的为一切文明国家的工人所共有的那种意图必然导致的结果，将是各民族的国际的兄弟联合"的提法，德国普鲁士政府的《北德报》（《北德报》是反动的日报，在60—80年代是俾斯麦政府的机关报；1861年至1918年在柏林出版。马克思《哥达纲领批判》中指的是1875年3月20日"北德总汇报"就德国社会主义工人党的《哥达纲领》草案发表的一篇社论；社论指出，"社会民主党的鼓动在某些方面变得比较谨慎了，它在背弃国际"）都看出了德国社会主义工人党这是放弃了全世界无产阶级联合的国际主义。德国社会主义工人党的领袖们，难道你们会没有意识到这个问题上的错误？

拉萨尔狭隘民族主义与马克思国际主义对比表

	指导思想	活动范围	对国际主义的理解	国际责任	阶级性
狭隘民族主义	民族中心论	民族国家范围内	国际主义是斗争结果	无	无
国际主义	爱国主义+国际主义	国际范围	斗争过程和结果都需要国际主义	有	有（无产阶级）

第三章 批判拉萨尔
"铁的工资规律"

马克思在《哥达纲领批判》第二章中明确反对拉萨尔的"铁的工资规律",认为影响工人工资水平的因素是众多的,影响工资的规律不仅不是铁的,而且是富有弹性的,"不管这些规律是'铁的'还是海绵的。"工人通过斗争是能够提高自己的待遇、改善自己的处境的,工人应该不放弃任何形式的斗争。劳动力价格低廉最深刻的根源于资本主义雇佣劳动制度,只有通过无产阶级革命,推翻资本主义雇佣劳动制度,才是劳动者摆脱贫困的唯一正确道路。

第一节 "铁的工资规律"

【原文】

"德国工人党从这些原则出发,力求用一切合法手段来争取自由国家——和——社会主义社会,废除工资制度连同铁的工资规律——和——任何形式的剥削,消除一切社会的和政治的不平等。"

关于"自由"国家，我以后再讲。

……

大家都知道，在"铁的工资规律"中，除了从歌德的"永恒的，铁的，伟大的规律"中抄来的"铁的"这个词以外，没有一样东西是拉萨尔的。"铁的"这个词是虔诚的信徒们借以互相识别的一个标记。但是，如果我接受带有拉萨尔印记因而是拉萨尔意义下的规律，那末我就不得不连同它的论据一块接受下来。这个论据是什么呢？正如朗格在拉萨尔死后不久的言行所表明的，这就是（朗格自己宣扬的）马尔萨斯的人口论。但是，如果这个理论是正确的，那末，我即使把雇佣劳动废除了一百次，也还废除不了这个规律，因为在这种情况下，这个规律不仅支配着雇佣劳动制度，而且支配着一切社会制度。经济学家们五十多年以来正是以此为根据证明社会主义不能消除自然本身造成的贫困，而只能使它普遍化，使它同时分布在社会的整个表面上。

一、马尔萨斯人口论

马尔萨斯（Thomas Robert Malthus，1766—1834），英国经济学家，著有《人口原则》《政治经济学原理》，1798 年创立"马尔萨斯人口论"。

马尔萨斯认为，人口在无限制时以几何级数率增长，即以 2^0、$2'$、$2''$……也就是 1、2、4、8、16、32、64、128、256、512……的增加率增加，若不加控制，每 25 年可增加一倍；人们的物质生活资料将以 1、2、3、4、5、6、7、8、9、10……的算术级数增加率增加。人口繁殖力与土地生产力明显然不平衡，社会物质财富的增加赶不上人口的增长是自然的、永恒的规律。因此，只有通过饥饿、繁重的劳动、限制婚育、战争等手段来消灭社会下层、消灭多余的人口，才能削弱这个规律的作用。

马尔萨斯提出两类抑制人口增长的方法——道德抑制、积极抑制。道德抑制是指人们通过各种人类主观努力从道德上限制生殖本能，降低出生率，即通过晚婚、禁欲、不婚独身、节育、不育控制人口出生率；但是，如果人们未能通过道德抑制控制住人口的增长，则积极抑制——恶习、贫困、战争、疾病、瘟疫、洪水等各种形式的灾难将会促使人口减少，以达到人口增长与食物供给之间的平衡。马尔萨斯认为，积极抑制是残酷的，人们应该主动采用道德抑制，以避免恶习、贫困发生。大自然法则是，必须使人口与社会物质生产之间保持平衡。

马尔萨斯利用他的人口论，首先反对葛德文等人的社会改革论，马尔萨斯认为，资本主义社会的贫穷和罪恶不是社会经济、政治制度造成的，而是人口规律作用的结果，马尔萨斯把资本主义制度的一切问题和灾难都归结为人口过剩的结果。而废除财产私有制，实行婚姻自由，改善和提高人们生活水平，势必刺激生产多余的人口，人口的增加最终使建立起来的平等社会制度趋于瓦解。因此，只有保持财产私有制以及个人担负起养育自己子女的责任，才能使人们自制，不至于生育过多的人口。所以，财产私有制是在符合人性的"人口自然规律"的支配下产生的，它是永恒存在而不会被推翻的；其次，马尔萨斯竭力反对当时英国的济贫法，认为济贫法使不能独立供养家庭的人也将结婚，生育子女，这是供养贫民以再创造贫民。他宣扬，贫民产生的原因是他自身的贫困，救济的手段应在他自己身上而不在于别人，政府和社会对此完全无力；再次，马尔萨斯宣扬工人的工资水平取决于工人人口数量的多寡。他认为一国的生活资料的数量是一定的，如果人口增长超过生活资料的增长、劳动力人数超过劳动市场需求的比例，就会使工人工资下降、生活恶化，从而使工人人口繁殖减少；相反，工人人数众多、工资低廉，工人为维持自己的生存，就必须加倍努力工作，从而促进了生产的发展。直到后来，物质生活资料和人口数量保持一定比例，于是工人生活获得改善，工资又提高，人口又会增加，工人的生活又会再度恶化。工人工资水平就是这样随着人口的增减而上下波动。

马尔萨斯人口论是近代人口学诞生的标志。该理论存在很多问题，特别是作为精确的人口增长与食物增长的比例关系缺乏充足的事实根据，也没有认识到社会发展与科技进步给人们的生育观及食物供应水平带来的巨大影响。马尔萨斯人口论有价值的地方在于，马尔萨斯意识到，一个国家人口的增长要与物质生活资料的增长保持适当的比例关系，人类必须控制人口，人口增长必须要有一个适当的限度。

二、与马尔萨斯人口论一脉相承的庸俗工资理论

拉萨尔"铁的工资规律" 拉萨尔在其代表作《公开答复》中首次阐述了他的所谓"铁的工资规律"："在现今的关系下，在劳动的供求的支配下，决定着工资的铁的经济规律是这样的：平均工资始终停留在一国人民为维持生存和繁殖后代按照习惯所要求的必要的生活水平上。它是这样的一个中心点，实际的日工资总是在它周围摆动，既不能长久地高于它，也不能长久地低于它。实际的日工资不能长期地高于这个平均数：因为如果工人的状况有所改善，工人结婚和繁殖后代就会增加，从而人手的供应就会增加，结果又会把工资压低到原来的或者低于原来的水平。工资也不能长期地大大

低于这个必要的生活水平。因为那时就会发生人口外流，独身生活，节制生育，以至最后由于贫困而造成工人人数减少等现象，这样，就会使工资重新回到它原来的水平。这是在现今条件下，支配着工资的严酷的铁的规律。"

拉萨尔宣称存在铁的工资规律，他认为存在这样一个中心点，工人实际的日工资总是在它周围摆动，既不能长久地高于它，也不会长久地低于它。既然工人工资水平是无法提高的，那么工人就应该放弃旨在提高工资的各种形式的斗争，如放弃罢工暴动游行示威等。既然工人的贫困是由"铁的工资规律"造成的，那么"解放工人阶级的唯一道路，废除那个置工人等级于死地的决定工资的严酷规律的唯一道路，是通过国家帮助促进并发展自由的个体的工人合作社"，使工人获得全部劳动所得；但是，怎样才能使国家实行这种干预呢？"这只有通过普遍的直接的选举权才能实现"；为此，"你们应当组织一个全德工人联合会"，"进行合法的、和平的但又是孜孜不倦的、不停顿的鼓动"。这是彻头彻尾地只反对资产阶级不反对封建专制普鲁士政府的机会主义。

拉萨尔所谓"铁的工资规律"中的"铁的"一词是"从哥德的'永恒的，铁的，伟大的规律'中抄来的"。"铁的工资规律"之所以称之为"铁的工资规律"，是因为拉萨尔认为资本主义条件下，工人工资随着劳动力供求关系上下波动，这是一条永恒不变的自然规律。

拉萨尔把这种永恒不变的规律称为"铁的"。这实质上是与马尔萨斯人口论一脉相承的，铁的工资规律理论不过是马尔萨斯人口论的抄袭、翻版。拉萨尔错误的论据是马尔萨斯人口论。马克思在《哥达纲领批判》中指出："如果我接受带有拉萨尔印记因而是拉萨尔意义下的规律，那末我就不得不连同它的论据一块接受下来。这个论据是什么呢？正如朗格在拉萨尔死后不久的言行所表明的，这就是（朗格自己宣扬的）马尔萨斯的人口论。"铁的工资规律理论不过是马尔萨斯人口论的抄袭、翻版。看看拉萨尔铁的工资规律中的这段话："由于工人的状况有所改善，工人结婚和繁殖后代就会增加，从而人手的供应就会增加，结果又会把工资压低到原来的或者低于原来的水平。工资也不能长期地大大低于这个必要的生活水平。因为那时就会发生人口外流，独身生活，节制生育，以至最后由于贫困而造成工人人数减少等现象，这样，就会使工资重新回到它原来的水平。"和马尔萨斯人口论中的这段话："工人工资水平取决于工人人口的多寡。一国的生活资料是一定的，如果人口增加超过了生活资料的增长、工人人数超过劳动市场需求的比例，就会使工资下降和工人生活恶化，从而使工人繁殖减少，人口增加减少。工资低廉，工人人数众多，工人为维持自己的收入，就必须加倍地努力工作，从而促进生产的发展。直到后来，生活资料和人口保持同一比例，于是工人生活获得改善，工资又提高，对人口限制又会放松，工人的生活会再度恶化。工资水平就是这样随人口的增减而上下波动。"两段话如出一辙！

接受了拉萨尔"铁的工资规律"，好像没有什么原则问题，但是，马克思却看出了隐藏在背后的东西，接受了拉萨尔"铁的工资规律"就等于接受了马尔萨斯人口论，就等于否定了社会主义革命的必要性！马克思在这里还指出，马尔萨斯人口论、拉萨尔"铁的工资规律"的危害还在于，他们认为社会主义不能消除贫困，只能造成普遍贫穷，这是马尔萨斯人口论的结论。

三、废除雇佣劳动制度

【原文】

这样，德国工人党将来就不得不相信拉萨尔的"铁的工资规律"了！为了不让它埋没掉，竟胡说什么"废除工资制度（应当说：雇佣劳动制度）连同铁的工资规律"。如果我废除了雇佣劳动，那末我当然也废除了它的规律，不管这些规律是"铁的"还是海绵的。但是拉萨尔反对雇佣劳动的斗争几乎只是绕着这个所谓规律兜圈子，所以，为了证明拉萨尔已经获得胜利，"工资制度连同铁的工资规律"都应当被废除掉，而不是不连同后者。

工资制度和雇佣劳动制度的差别：这里的工资制度是指工人为资本家劳动，资本家支付给工人工资。雇佣劳动制度是指资本家雇佣工人为其劳动，从中获得利润，工人出卖劳动力给资本家，作为维持自身生存的手段。工资制度就是雇佣劳动制度。但是，工资制度的叫法从表面上看不出工资的实质，看不出其中资本家对工人的剥削，工人为资本家劳动，资本家支付给工人工资，貌似公平合理，而其中实质掩盖着资本家对工人剩余价值的剥削。雇佣劳动制度的叫法从表面上就能看出资本家与工人的不平等，雇佣劳动，资本家是雇主，工人受雇于资本家，雇主一定是指使雇员的，并且资本家之所以雇佣工人，一定是有利可图的，其中一定存在着资本家对工人的剥削。所以，在《哥达纲领批判》中，马克思还是认为叫雇佣劳动制度更准确，更能揭露资本家和工人关系的实质。所以，文中有"废除工资制度（应当说：雇佣劳动制度）……"的强调说明。

拉萨尔把"反对雇佣劳动的斗争"模糊为"废除工资制度"，

而工资又是"劳动力的价值或价格的掩蔽形式",这种"模糊"实质上是模糊、淡化工人运动消灭私有制、废除雇佣劳动制度的奋斗目标。更进一步,拉萨尔又把"废除工资制度"连同"铁的工资规律"联系在一起,如此,"反对雇佣劳动的斗争"几乎只是绕着"铁的工资规律"兜圈子,而"铁的工资规律"又是一条拉萨尔认为的永恒不变的自然规律,"即使把雇佣劳动废除了一百次,也还废除不了这个规律",如此,废除雇佣劳动制度思想就被彻底湮没、无影无踪了。

第二节 《资本论》的工资理论和剩余价值学说

一、工资是劳动力价值的掩盖形式

【原文】

但是,这一切都不是主要的。完全撇开拉萨尔对这个规律的错误了解不谈,真正令人气愤的退步是在于:

自从拉萨尔死后,在我们党内,这样一种科学见解已经给自己开辟了道路,这就是工资不是它表面上呈现的那种东西,不是劳动的价值或价格,而只是劳动力的价值或价格的掩蔽形式。

铁的工资规律是拉萨尔根据马尔萨斯人口论和歪曲李嘉图的工资理论杜撰而成的。拉萨尔的错误在于,把工人工资看作是劳动而不是劳动力的价值或价格，这显然是将事物的现象视为本质的误判。工资从表面上是看不出它的实质问题的，表面上，工人为资本家劳动，资本家支付给工人工资，貌似公平合理，而其中实质掩盖着资本家对工人剩余价值的剥削。马克思指出："工资不是它表面上呈现的那种东西，不是劳动的价值或价格，而只是劳动力的价值或价格的掩盖形式。"工人出卖给资本家的是劳动力，不是劳动，"当工人的劳动实际上开始了的时候，它就不再属于工人了，因而也就不再能被工人出卖了。"劳动力是劳动的能力，劳动是劳动力的表现，是劳动力的使用过程。劳动是价值的实在内容，也是衡量价值的内在尺度，劳动力和劳动是两个不同的概念。拉萨尔正是混淆了劳动力和劳动这两个概念，把工人工资当作劳动的价值或价格，没有发现工资是劳动力的价值或价格的掩盖形式，其中掩盖的资本家对工人剩余劳动的剥削。拉萨尔把注意力放工人工资与劳动力的供求关系上，认为工人工资低廉是人口过剩、劳动力供过于求的自然原因，而不是根源于资本主义雇佣劳动制度。

马克思用深厚的政治经济学学养指出，资本家购买的是工人的劳动力，而不是劳动，资本家生产的目的就是追求利润，剥削工人的剩余劳动，不论是劳动力市场供过于求，还是供不应求，资本家都要获利，都不会给工人全部劳动报酬，获利是资本家的第一原则；工人的工资不论是偏高还是偏低，永远不会是工人全部劳动成果。并且，影响工人工资水平的因素是众多的，影响工资的规律不仅不是铁的，而且是富有弹性的，"不管这些规律是'铁的'还是海绵的。"工人通过斗争推翻资本主义制度是改善自己生活的根本出路。在马克思看来资本主义工人工资的实质是劳动力的价值或者价格。决定工资的因素有如下几点：

马克思认为，由于劳动力蓄含在人的身体内，因此，劳动力商品的生产也就是人身体的生产，它的费用可以还原为维持劳动者的劳动能力和繁育后代所必需的各种生活资料的费用，具体包括：（1）维持劳动者自身生存所需的生活资料费用；（2）劳动者繁育后代所需的生活资料的费用；（3）劳动者必要的教育训练费用。马克思认为，以上3个方面的费用构成了工人生存必不可少的需要。按劳动价值论，以上3个方面的费用最终都可以转化为一定量的劳动耗费。因此，劳动力商品的价值决定和普通商品一样，也是由生产和再生产它的社会必要劳动时间决定的。社会必要劳动时间是在现有的社会正常的生产条件下，在社会平均的劳动熟练程度和劳动强度下制造某种使用价值所需要的劳动时间。

工人的工资还受历史的和道德的因素的影响。**历史因素**，工人的工资在不同的历史时期的是不同的，随着科学技术的进步和社会生产力的发展，满足人们生活的生活资料的价值会越来越少，虽然工人的工资在表面上是增长了，但相对于资产阶级财富的增长幅度，工人却是越来越贫困。随着科学技术的进步，工作日中必要劳动时间部分会越来越短，而剩余劳动时间部分会相对地越来越长，从而表现为工人阶级的工资收入相对于资本家阶级的利润（相对剩余价值）收入会越来越少，工人阶级相对于资本家阶级会越来越贫困，即无产阶级贫困化理论。**道德因素**，工作日的延长还受到一定社会道德的限制。在资本主义发展初期，资本家不仅突破了工作日的道德界限，而且突破了工作日的纯粹身体极限。它侵占人体成长、发育和维持健康所需要的时间。它掠夺工人呼吸新鲜空气和接触阳光所需要的时间。它克扣吃饭时间，"至于个人受教育的时间，发展智力时间，履行社会职能时间，进行社交活动的时间，自由运用体力和智力的时间……——这全都是废话！"突破人的生理极限延长工作日对工人的健康和生命造成极大的损害。

因此，工人必须通过斗争来提高自己的待遇、改善自己的处境的，工人应该不放弃任何形式的斗争。劳动力价格低廉最深刻的根源于资本主义雇佣劳动制度，只有通过无产阶级革命，推翻资本主义雇佣劳动制度，才是劳动者摆脱贫困的唯一正确道路。

拉萨尔"铁的工资规律"与马克思工资论对比表

	决定工资因素	工资本质	工人斗争的态度	摆脱贫困途径	实　质
拉萨尔"铁的工资规律"	劳动力供求	劳动价格	反对非法斗争	依靠国家帮助建立生产合作社	只反对资产阶级不反对封建专制的机会主义
马克思工资理论	所有制雇佣劳动制度	劳动力价值或价格	合法＋非法	无产阶级革命推翻资本主义雇佣制度	彻底的无产阶级革命理论

二、资本家对工人绝对剩余价值和相对剩余价值的剥削

【原文】

这样，过去关于工资的全部资产阶级见解以及对这种见解的全部批评都被彻底推翻了，并且弄清了：雇佣工人只有为资本家（因

而也为他们剩余价值的分享者）白白地劳动一定的时间，才被允许
为维持自己的生活而劳动，就是说，才被允许生存；整个资本主义
生产体系的中心问题就在于：用延长劳动日的办法，或者用提高生
产率，从而使劳动力更加紧张的办法等等，来增加这无偿劳动；因
此，雇佣劳动制度是奴隶制度，而且社会劳动生产力越发展，这种
奴隶制度就越残酷，不管工人得到的报酬较好或较坏。而现在，当
这个见解已经在我们党内愈来愈给自己开辟出道路的时候，竟有人
倒退到拉萨尔的教条那里去，虽然他们应当知道，拉萨尔并不懂得
什么是工资，而是跟着资产阶级经济学家把外表当作事物的本质。

这正像奴隶们最终发现了自己处于奴隶地位的秘密而举行起义
时，其中有一个为陈旧观点所束缚的奴隶竟在起义的纲领上写道：
奴隶制度必须废除，因为在奴隶制度下，奴隶的给养最大限度不能
超过一定的，非常低的标准！

我们的党的代表们对这个在党员群众中广泛传播的见解竟能进
行这样惊人的侵犯，仅仅这一事实岂不就证明了他们在草拟妥协的
纲领时轻率得多么令人不能容忍，多么缺乏责任感！

本段末尾"消除一切社会的和政治的不平等"这一不明确的语
句，应当改成：随着阶级差别的消灭，一切由此差别产生的社会的
和政治的不平等也就自行消失。

《哥达纲领》草案从马克思剩余价值理论倒退到拉萨尔铁的工资
规律，倒退到马尔萨斯人口论。马克思《哥达纲领批判》批判了拉
萨尔铁的工资规律，再次阐述了马克思《资本论》中的工资理论和
剩余价值学说。

马克思在《资本论》中指出，要从一种商品的使用上取得价值，
我们的货币所有者——资本家就必须在流通领域内发现这样一种商

品，这种商品的使用价值本身具有成为价值源泉的特殊属性，它的实际使用就是价值的再创造。货币所有者——资本家在市场上找到了这种特殊商品——劳动力。劳动力是在活的人体中存在的、每当人生产某种使用价值时就运用的人的体力和智力的总和。劳动力所有者——工人要把劳动力当作商品出卖，首先，他必须是自己的劳动能力的自由的所有者。劳动力所有者——工人和货币所有者——资本家在市场上相遇，彼此作为身分平等的商品所有者发生关系，双方是在法律上平等的人。其次，劳动力所有者没有可能出卖有自己的劳动物化在内的商品，工人一无所有，不得不把只存在于他的活的身体中的劳动力本身当作商品出卖。"劳动力的买和卖是在流通领域或商品交换领域的界限以内进行的……原来的货币所有者成了资本家，昂首前行；劳动力所有者成了他的工人，尾随于后。一个笑容满面，雄心勃勃；一个战战兢兢，畏缩不前，像在市场上出卖了自己的皮一样，只有一个前途——让人家来鞣。"① "让我们同货币所有者和劳动力所有者一道，离开嘈杂的、有目共睹的流通领域，进入隐蔽的生产场所吧！在这里，资本家不仅要生产使用价值，而且要生产价值，不仅要生产价值，而且要生产剩余价值。"② 剩余价值理论是马克思一生的两个伟大发现之一。通过剩余价值理论马克思揭开了资本主义生产的秘密。

马克思对剩余价值秘密的揭示是通过对劳动过程的解析开始的。资本主义的生产过程是劳动过程和价值增殖过程的统一。资本主义劳动过程展示出两个特殊的现象：第一，工人在资本家的监督管理下劳动，工人的劳动属于资本家。第二，劳动产品是资本家的所有物。单纯的价值形成过程是劳动对象和劳动资料的价值通过工人的

① 马克思. 资本论〔M〕. 北京：中国社会科学出版社，1983：第 161—162 页
② 马克思. 资本论〔M〕. 北京：中国社会科学出版社，1983：第 161 页

具体劳动把它们转移到产品中去，并成为产品价值的一个组成部分。在这个价值形成过程中，如果工人在一天里新创造的价值正好等于劳动力的价值，那么，它就是单纯的价值形成过程。这个过程的结果是：预付的资本价值没有增殖，没有生产出剩余价值来，货币也没有转化为资本。所以，单纯的价值形成过程不符合资本家生产的目的，资本家必须要把它变为价值增殖过程。

工人劳动本身创造的新价值，是通过工人的抽象劳动附加到劳动对象上，并成为产品价值的另一个组成部分。劳动力商品的"独特的使用价值，即它是价值的源泉，并且是大于它自身的价值的源泉"。劳动力的价值和劳动力在劳动过程中创造的价值——劳动的价值是两个不同的量，资本家购买劳动力时，正是看中了这个差额。既然资本家购买了工人的劳动力，那么，劳动力的使用权也是属于资本家的。因此，资本家不仅要工人在必要劳动时间内，再生产出劳动力价值的等价物，并且要超过这个一定点，在必要劳动时间以上提供出剩余劳动时间，在补偿劳动力价值的等价物之上创造出更多的价值——超出劳动力自身价值的价值。于是，工人的劳动不仅补偿了劳动力的价值——资本家支付给工人的工资，而且生产出剩余价值。这也就是马克思在本文所说的："雇佣工人只有为资本家（因而也为他们剩余价值的分享者）白白地劳动一定的时间，才被允许为维持自己的生活而劳动，就是说，才被允许生存。"这样，单纯的价值形成过程便转变为价值增殖过程：第一，资本家预付的货币已经发生了价值增殖，生产出剩余价值，货币最终转化为资本；第二，价值增殖过程是在遵守价值规律的基础上实现的，资本总公式的矛盾解决了。货币转化为资本的过程，首先要通过流通过程用货币购进劳动力商品，然后通过劳动力商品的使用来实现货币价值的增值，货币转化为资本，生产出剩余价值。

剩余价值的生产，决定着资本主义生产方式的存在、发展和灭亡。剩余价值生产是资本主义生产方式赖以存在和发展的根本条件。第一，追求剩余价值是资本主义生产的目的，资本主义生产的实质就是剩余价值的生产。第二，剩余价值生产是资本主义一切经济活动的出发点和归宿。资本主义生产、流通、分配、消费的一切方面，都服从于资本家获取剩余价值的需要，受剩余价值规律的支配。

正是在追逐剩余价值的过程中，逐步实现科学技术的进步机器生产代替手工劳动，世界市场代替地区市场，大工业代替小作坊，从而奠定了资本主义生产的物质基础，确立了资本对劳动的全面统治。为追求剩余价值而发展起来的生产力，越来越同资本主义的生产方式发生矛盾，使资本主义周期性的爆发经济危机，使生产力遭到浪费和破坏。资本主义生产关系日益成为生产力发展的桎梏，无产阶级和资产阶级的矛盾逐渐加深，最终导致社会主义取代资本主义。

资本家剥削工人的剩余价值有两种形式：绝对剩余价值生产和相对剩余价值生产。绝对剩余价值生产是指，在雇佣工人的必要劳动时间不变的条件下，由于工作日的绝对延长而生产的剩余价值，叫作绝对剩余价值。因为在这种情况下，提高劳动强度等于在一个工作日中劳动支出增加了，是变相地延长工作日。相对剩余价值的生产，就是改变工作日中必要劳动时间和剩余劳动时间的比例，以增加剩余价值的生产。在工作日长度不变的条件下，由于缩短必要劳动时间，相应延长剩余劳动时间而生产的剩余价值，叫作相对剩余价值。这也就是马克思在本文所说的："整个资本主义生产体系的中心问题就在于：用延长劳动日的办法，或者用提高生产率，从而使劳动力更加紧张的办法等等，来增加这无偿劳动。"由此，马克思尖锐地指出："雇佣劳动制度是奴隶制度，而且社会劳动生产力越发展，这种奴隶制度就越残酷，不管工人得到的报酬较好或较坏。"

率先提高劳动生产率的个别企业能够获得超额剩余价值。超额剩余价值的源泉也是雇佣工人的剩余劳动。这是因为个别企业工人使用的是先进机器设备，劳动的复杂程度以及劳动的效率也高于一般企业，因而他的劳动等于加强的劳动，在同样时间里能够创造更多的价值。相对剩余价值生产是在各个资本家追求超额剩余价值的过程中实现的。追求超额剩余价值是每个资本家改进生产技术，提高劳动生产率的直接动机，而各个资本家竞相追求超额剩余价值的结果，是使所有资本家普遍获得相对剩余价值。剩余价值的生产深刻反映了资本主义生产的本质，决定着资本主义生产的一切方面和主要过程，决定着资本主义的存在、发展和灭亡，所以，剩余价值规律是资本主义生产的绝对规律。

当马克思《资本论》的工资理论和剩余价值学说在无产阶级政党内愈来愈为自己开辟出道路，越来越被广大无产阶级所公认的时候，《哥达纲领》竟倒退到拉萨尔充满马尔萨斯人口论的铁的工资规律那里去，"这正像奴隶们最终发现了自己处于奴隶地位的秘密而举行起义时，其中有一个为陈旧观点所束缚的奴隶竟在起义的纲领上写道：奴隶制度必须废除，因为在奴隶制度下，奴隶的给养最大限度不能超过一定的，非常低的标准！"仅仅这一事实岂不就证明起草《哥达纲领》的德国社会主义工人党的领袖们在草拟纲领时轻率得多么令人难以容忍！

《哥达纲领》是党的领袖们对党的惊人侵犯！马克思并不因为他们是党的领袖而轻易放过他们的错误，认为他们的轻率"多么令人不能容忍，多么缺乏责任感！"。

《哥达纲领》草案的末尾"消除一切社会的和政治的不平等"是一个不明确的语句，什么时候、怎样才能"消除一切社会的和政治的不平等"？马克思指出，这句话"应当改成：随着阶级差别的消灭，一切由此差别产生的社会的和政治的不平等也就自行消失。"《哥达纲领》草案作为党的纲领应该鲜明地写上：消灭资产阶级，消灭阶级差别，实现社会的和政治的平等！

马克思一再强调，只有把平等理解为消灭阶级，对于无产阶级来说才有真正的意义。也就是说离开消灭阶级讲平等，对无产阶级来说是毫无意义的。因此，马克思一定要把看似没有什么问题的"消灭不平等"改为"消灭阶级"。

第四章　批判拉萨尔
"国家社会主义"幻想

马克思在《哥达纲领批判》第三章中，批判了拉萨尔依靠现存普鲁士国家帮助建立生产合作社，无论是在工业中，还是在农业中。依靠现存国家帮助建立生产合作社完全是另外开辟一条路，这条路与工人运动、无产阶级反对资产阶级的阶级斗争，推翻资产阶级的统治，建立自己的生产合作社的道路根本就是两条路。而无产阶级反对资产阶级的阶级斗争，只有推翻资产阶级的统治，建立自己的生产合作社才是真正的胜利。

第一节　依靠"国家帮助"建立生产合作社的幻想

一、依靠国家为解决社会问题开辟道路

【原文】

"为了替社会问题的解决开辟道路，德国工人党要求**在劳动人民**

的民主监督下依靠国家帮助建立生产合作社。无论在工业中，或是在农业中，生产合作社都必须普遍建立起来，以便从它们里面产出调节总劳动的社会主义组织。"

　　在拉萨尔的"铁的工资规律"之后，就是这个先知提出的救世良方。这里"道路开辟"得确实不错。**现存的阶级斗争**被换上了拙劣的报刊作家的空话：需要"开辟道路"来"解决"的社会问题。

　　"为了替社会问题的解决开辟道路，德国工人党要求在劳动人民的民主监督下依靠国家帮助建立生产合作社。无论在工业中，或是在农业中，生产合作社都必须普遍建立起来，以便从它们里面产出调节总劳动的社会主义组织。"这段话是马克思《哥达纲领批判》第三章引用并进行批判的《哥达纲领》草案中的思想观点。

　　在拉萨尔"铁的工资规律"之后，就是拉萨尔提出的这个济世良方——依靠现存普鲁士国家帮助建立生产合作社，无论是在工业中，还是在农业中。马克思讽刺说："'道路开辟'得确实不错。"作为指导工人运动的党纲，现存的阶级斗争、工人运动向何处去、怎么走不提，换上了拙劣的：需要"开辟道路"来"解决"社会问题。依靠现存国家帮助建立生产合作社完全是另外开辟一条路，这条路与工人运动、无产阶级反对资产阶级的阶级斗争，推翻资产阶级的统治，建立自己的生产合作社的道路根本就是两条路。

　　依靠国家帮助是一种反对无产阶级革命，企图利用国家权力进行社会改良的资产阶级改良主义思想。产生于 19 世纪 50 年代的德国，代表人物有拉萨尔。在马克思主义刚诞生和无产阶级革命形势刚出现的时候，拉萨尔主张实行普选制和工人依靠国家帮助建立生产合作社，和平过渡到社会主义。实行社会改革，以解决由资本和土地垄断而造成的经济危机和工资下降问题，回避国家的阶级性，打着社会主义招牌，鼓吹社会改良，实际上是要维护资产阶级国家的统治，反对无产阶级革命。这种思潮在刚刚形成的社会主义各流派中有相当的影响。

依靠国家帮助建立生产合作社是普鲁士国家政府在维持现政权的基础上自上而下的社会改良；而无产阶级反对资产阶级的阶级斗争，推翻资产阶级的统治，建立自己的生产合作社，是自下而上的社会革命。依靠现存国家帮助建立的生产合作社和工人自己建立的生产合作社，完全不是一回事。

二、由国家而不是由工人独立创设生产合作社

【原文】

"调节总劳动的社会主义组织"不是从**社会的革命转变过程**中，而是从国家给予生产合作社的"国家帮助"中"产生出来"。并且这些生产合作社是由国家而不是由工人"建立起来"的。这真不愧为拉萨尔的**幻想**：靠国家贷款就能够建设一个新社会，就像能够建设一条新铁路一样！

"调节总劳动的社会主义组织"是指无产阶级专政的社会主义国家。无产阶级专政的社会主义国家如果不是从无产阶级同资产阶级的阶级斗争、无产阶级的社会革命过程中转变而来，而是从现存德国普鲁士国家给予社会主义生产合作社的"国家帮助"中"产生出来"，这纯粹是拉萨尔一厢情愿的幻想！现存的德国普鲁士专制国家不会自我否定、自行灭亡、自发地长入社会主义。

社会主义是人类历史上全新的社会制度，社会主义代替资本主

义是公有制社会代替私有制社会，是由阶级社会向无阶级社会的过渡，是消灭一切剥削阶级，这必将通过一场最深刻、最彻底的社会革命才能实现。现存的德国普鲁士专制国家迫于形势的压力，只能在不改变其专制制度的情况下，做一些适度的调整和改良，而不可能自行放弃自己的统治，帮助无产阶级建立社会主义的生产合作社。事实也是如此，1878年，也就是德国社会主义工人党成立的第三年，德国议会通过俾斯麦提出的《镇压社会民主党企图危害治安的法令》，禁止德国社会民主党的活动，使德国社会民主党处于非法地位，处于白色恐怖之中。

社会主义生产合作社不能依靠普鲁士的"国家帮助"建立，而只能由工人通过无产阶级同资产阶级的阶级斗争、无产阶级的社会革命自己"建立起来"。马克思讽刺拉萨尔，你以为建设一个新社会，就像靠国家贷款建设一条新铁路一样吗？建设一条新铁路对人人有利，对资产阶级有利，对无产阶级有利，对国家政府也有利，因而，条件允许的情况下，国家可能出钱建设一条新铁路；而建设一个新社会，对无产阶级有利，但它要消灭资产阶级和一切剥削阶级，变革现存社会制度，现存普鲁士国家是绝不会答应的、绝不会帮助的。无产阶级与资产阶级从本质上是对立的，资产阶级政府帮助建立起来的生产合作只不过是他们迫于形势的压力，不得不采取的妥协和退步，是阻止无产阶级革命的手段，欺骗无产阶级的借口。

三、阶级运动的立场退到宗派运动的立场

【原文】

在这里详细批评毕舍在路易－菲力浦时代为了**对付**法国社会主

义者而开列并由《工场》派的反动工人所采用的药方，那是多余的。主要的过失不在于把这个特殊的万灵药方写入了纲领，而在于阶级运动的立场完全退到宗派运动的立场。

这里马克思对比毕舍在路易·菲利普时代的过失，指出拉萨尔的错误。路易·菲利普（1773—1850），法国国王奥尔良公爵路易·菲利普·约瑟夫之子，初称瓦卢瓦公爵。1785 年其父继承奥尔良公爵的称号后，他成为沙尔特公爵。1789 年法国大革命爆发，他参加支持革命政府的进步贵族团体，翌年参加雅各宾俱乐部。1792 年 4 月法奥交战，他参加北方方面军，同年 9 月晋升少将。814 年路易十八第一次复辟时，路易·菲利普返回法国。1830 年查理十世试图推行镇压法令，触发 1830 年的法国七月革命（7 月 27—30 日）。7 月 31 日，立法议会选举他为王国摄政。两天后查理退位，8 月 9 日，路易·菲利普加冕为法国国王。他在右翼极端君主派和社会党人及其他共和党人之间采取中间路线，以巩固自己的权力。1846 年工农业萧条，人民普遍不满，引发法国二月革命。他于 1848 年 2 月 24 日逊位，隐居于英格兰的萨里郡，于 1850 年逝于此地。马克思指出，路易·菲利普时代，毕舍为了对付法国社会主义者而开列并由《工场》派的反动工人所采用的药方，那是多余的。主要的过失不在于把这个特殊的万灵药方写入了纲领，而在于阶级运动的立场完全退到宗派运动的立场。

马克思在这里进一步批判《哥达纲领》草案，指出拉萨尔派、起草德国社会主义工人党党纲的领袖们的主要过失不在于把依靠普鲁士"国家帮助"建立社会主义生产合作社这个特殊的万灵药方写入了纲领，而更要害的是，这证明他们实质上已经由"阶级运动的立场完全退到宗派运动的立场。"，他们这样做表明他们已经不代表工人阶级了。无产阶级阶级运动的立场是消灭封建地主阶级和资产阶级，消灭私有制，摆脱被剥削、被压迫、被奴役的地位，建立无产阶级专政的社会主义国家政权。而拉萨尔派、德国社会主义工人党的领袖们却不准备消灭封建地主阶级和资产阶级，不准备推翻现政权，主张合法手段的斗争，争取普选权，作为一个宗派、派别参与议政。这样的宗派与现政权的关系不是对立关系，而是共存、依靠、互相帮助的关系。如果这样，拉萨尔派、德国社会主义工人党的领袖们实质上已背叛工人运动、背叛工人阶级利益，成为与封建地主阶级和资产阶级同流合污的工人贵族。把抽象的民主，现存国家的帮助等当作万应灵药，就是脱离了无产阶级阶级运动立场，而离开无产阶级阶级运动的立场，就必然退到一个宗派、宗派运动的立场，就变成一个资产阶级民主宗派与当权者争权夺利的立场。

第二节　只有无产阶级的阶级斗争才能建设一个新社会

一、所谓的德国 "劳动人民" 的民主监督

【原文】

由于还知道点羞耻，于是就把 "国家帮助" 置于……"劳动人民" 的民主监督之下。

第一，德国的 "劳动人民" 大多数是农民而不是无产者。

第二，"民主的" 这个词在德文里意思是 "人民当权的"。什么是 "劳动人民的人民当权的监督" 呢？何况他们所说的是这样的劳动人民，他们通过向国家提出的这些要求表明他们充分意识到自己既没有当权，也没有成熟到当权的地步！

依靠普鲁士"国家帮助"建立社会主义生产合作社,无产阶级势必还是处于普鲁士专制政府的统治之下,无产阶级还是没有摆脱被剥削、被压迫、被奴役的地位,这是代表无产阶级利益吗?为了掩盖拉萨尔派、起草德国社会主义工人党党纲的领袖们不准备推翻现政权,而争取参与议政,背叛工人运动、背叛工人阶级利益,与封建主阶级和资产阶级同流合污的面目,《哥达纲领》草案用了一块遮羞布——把"国家帮助"置于"劳动人民"的民主监督之下。

可是,马克思犀利地指出,即使是"劳动人民"的民主监督之下的普鲁士国家,仍然不是无产阶级自己的国家,无产阶级还是没有摆脱被剥削被压迫的地位,原因有二:第一,德国的"劳动人民"大多数是农民而不是无产者,这样,若把"国家帮助"置于"劳动人民"的民主监督之下,则主要是置于农民的民主监督之下,弱小的无产阶级仍然不会处于主导地位。无产阶级是从早期资本主义国家不占有生产资料的劳动者阶级抽象而来,如当时的工人阶级等。无产阶级是指广大民营企业,私营企业等雇佣劳动者,以及个体户,自由职业者等无生产资料的劳动人民。无产阶级的形成同机器大生产相联系,是先进生产力的代表,是最先进、最有前途的阶级。无产阶级的经济地位决定它大公无私、最有远见、富有组织性和纪律性。他们在革命斗争中,比任何别的阶级都要坚决和彻底。同时无产阶级与其他劳动人民并无根本利益上的冲突,能够把一切被压迫、被剥削的劳动人民团结在自己的周围。所以,无产阶级始终是工人运动的核心,是"革命社会主义的天然代表"。他们的伟大历史使命就是埋葬资本主义制度并建立共产主义社会。在某些情况下,雇佣劳动者被迫自带生产工具为剥削阶级服务。在当时的德国,无产阶级力量很小。即使德国是"劳动人民"的民主监督之下的普鲁士国家,仍然不是无产阶级自己的国家,因为德国的"劳动人民"主要不是指无产阶级，而是农民。所以，"国家帮助"置于"劳动人民"的民主监督之下，主要是置于农民的民主监督之下，弱小的无产阶级仍然不是主导，无产阶级还是没有摆脱被剥削被压迫的地位。

第二，"民主的"这个词意思是"人民当权"。现实情况是劳动人民没有当权，他们同资产阶级、普鲁士专制国家进行斗争，反抗普鲁士专制统治。拉萨尔派、德国社会主义工人党的领袖们不准备消灭封建地主阶级和资产阶级，不准备推翻现政权，主张合法手段的斗争，争取普选权，作为一个宗派、派别参与议政。这样的宗派与现政权的关系不是对立关系，而是共存、依靠、互相帮助的关系。如果这样，拉萨尔派、德国社会主义工人党的领袖们实质上已背叛工人运动、背叛工人阶级利益，成为与封建地主阶级和资产阶级同流合污的工人贵族。事实表明，通过合法手段斗争的结果是人民并没有当权。劳动人民仍在同资产阶级、普鲁士专制国家进行斗争，反抗普鲁士专制统治。马克思指出，无产阶级阶级运动的立场是消灭封建地主阶级和资产阶级，消灭私有制，摆脱被剥削、被压迫、被奴役的地位，建立无产阶级专政的社会主义国家政权，而不是拉萨尔所说的合法斗争。

拉萨尔派通过向现存国家提出要求、合法斗争、争取普选权来提高自己的地位，这表明拉萨尔派充分意识到自己没有权利，也没有成熟到当权的地步！"劳动人民"（大多数是农民）的"人民当权的"监督之下的普鲁士国家一不是无产阶级的国家，二是也做不到"人民当权"！

二、革命和改良毫无共同之处

【原文】

如果工人们力求在社会的范围内，首先是在本民族的范围内建立集体生产的条件，这只是表明，他们在争取变革现在的生产条件，而这同靠国家帮助建立合作社毫无共同之处。至于现存的合作社，那末只有它们是工人自己独立创设的，既不受政府的保护，也不受资产者的保护，才是可贵的。

马克思恩格斯当年设想社会主义在发达的资本主义国家同时取得胜利，而各国的工人运动都是工人阶级首先在本民族、自己国家的范围内进行斗争，反对本国政府、资产阶级的统治。在此情况下，马克思假设："如果工人们力求在社会的范围内，首先是在本民族的范围内建立集体生产的条件，这只是表明，他们在争取变革现在的生产条件"，"在社会的范围内""在本民族的范围内"就是在自己的国家，"建立集体生产的条件"就是建立社会主义生产关系，而不是工人出卖劳动力为资本家私人生产。

改良和革命有本质上的不同。前者不改变社会形态的根本性质，后者是社会形态的根本质变；前者一般是自上而下展开的，后者由被统治阶级发动的；前者一般不要采取暴力冲突的形式，后者要通过暴力革命的形式；前者不触及生产关系，后者触及生产关系。在当时的德国，拉萨尔主张实质上就是资产阶级民主改良，是不改变社会形态的根本性质，依靠国家帮助自上而下进行的，采取和平方式，改良并没有触及生产关系。马克思极力反对这种观点，主张进行彻底的社会革命，变革社会形态，改变生产关系，自下而上的暴力斗争。

工人要求在自己国家建立社会主义生产关系，就是"他们在争取变革现在的生产条件"，即推翻现政权，实现社会革命，变现存资本主义私有制生产关系为社会主义公有制生产关系。工人阶级的这种"力求"是自下而上的变更所有制生产关系的社会革命。而拉萨尔派主张的合法斗争、争取普选权、依靠普鲁士"国家帮助"建立社会主义生产合作社的幻想是自上而下的社会改良，社会革命和社会改良"毫无共同之处"，根本就是两回事。

生产合作社，只有是工人自己独立创设的，既不受普鲁士政府的保护，也不受资产阶级的保护，才是真正代表工人阶级利益的，才是可贵的。否则，如果这种合作社不是工人自己独立创设的，它既受到普鲁士政府的帮助、保护，也得到资产阶级的支持，那么，这种合作社显然不是真正代表工人阶级利益的工人阶级自己的合作社，实质却依然是普鲁士政府、资产阶级统治、剥削工人的工具。

社会改良与社会革命的对比表

	内　容	手　段	方　式	政权是否变更	是否彻底	实践主体
社会改良	争取普选权	合法手段	自上而下	不变	不彻底	工人阶级依靠国家政权
社会革命	夺取政权	非法＋合法	自下而上	推翻政权	彻底	工人阶级独立创设不受政府保护，也不受资产者保护

第五章 批判"自由国家" 主张无产阶级革命专政

马克思在《哥达纲领批判》第四章中批判了拉萨尔的国家的道德本质，指明国家的阶级本质，国家是阶级统治的工具，社会是国家的基础，明确指出在过渡时期必须实行无产阶级专政以消灭阶级，走向共产主义社会。

第一节 "自由国家"的资产阶级民主要求

一、不把现存社会当作现存国家的基础

【原文】

现在我们来谈民主的一节。

A."国家的自由基础。"

首先，照第二节的说法，德国工人党力求争取"自由国家"。

自由国家是什么东西呢？

使国家变成"自由的"，这决不是已经摆脱了狭隘的奴才思想的工人的目的。在德意志帝国，"国家"差不多是和在俄国一样地"自由"。自由就在于把一个站在社会之上的机关变成完全服从于这个社会的机关；而且就在今天，各种国家形式比较自由或比较不自由，也取决于这些国家形式把"国家的自由"限制到什么程度。

德国工人党——至少是当它接受了这个纲领的时候——表明：它对社会主义思想领会得多么肤浅；它不把现存社会（对任何未来的社会也是一样）当作现存国家的基础（或者不把未来社会当作未来国家的基础），反而把**国家当作一种具有自己的"精神的，道德的，自由的基础"的独立本质**。

"现代社会"就是存在于一切文明国度中的资本主义社会，它或多或少地摆脱了中世纪的杂质，或多或少地由于每个国度的特殊的历史发展而改变了形态，或多或少地发展了。"现代国家"却各不相同。它在普鲁士德意志帝国同在瑞士不一样，在英国同在美国**不一样**，所以，"现代国家"是一种虚构。

但是，不同的文明国度中的不同的国家，不管它们的形式如何纷繁，却有一个共同点：它们都建筑在资本主义多少已经发展了的现代资产阶级社会的基础上。所以，它们具有某些极重要的共同特征。在这个意义上可以谈"现代国家制度"，而未来就不同了，到那时"现代国家制度"现代的根基即**资产阶级社会已经消亡了**。

按照《哥达纲领》草案第二节的说法，德国社会主义工人党要力求争取"自由国家"。拉萨尔宣扬，国家是"全体人民的共同体"，是统一道德整体中个性的结合体，国家的使命就在于发展自由，使人类朝着自由的方向发展。《哥达纲领》草案渗透着拉萨尔的观点，把争取"自由国家"作为德国社会主义工人党的奋斗目标。马克思痛斥了"自由国家"的谬论，马克思指出，所谓自由的人民国家纯粹是无稽之谈，"当无产阶级还需要国家的时候，它之所以需要国家，并不是为了自由，而是为了镇压自己的敌人，一到有可能谈自由的时候，国家本身就不再存在了。"这就是说，国家和自由是有阶级性的。任何国家都是阶级压迫和阶级统治的工具，绝没有什么超阶级的国家，国家的职能是阶级统治。自由也是这样，在阶级社会里，根本没有普遍的、超阶级的自由。有剥削阶级的自由，就没有被剥削阶级的自由，反过来也是这样。无产阶级理解的自由，是彻底消灭剥削、消灭阶级，成为自己国家的主人、成为社会的主人。使现存普鲁士国家变成自由的国家，这决不是已经摆脱了狭隘的奴才思想的工人阶级的目的。德国社会主义工人党领袖们提出的"自由国家"的奋斗目标不是德国工人阶级的目的。

马克思说："自由就在于把一个站在社会之上的机关变成完全服从于这个社会的机关"。这里所谓"站在社会之上的机关"就是指国家。按照表面、按照理想，国家是"站在社会之上"，对全体社会成员平等的国家，而实质上，国家却是"完全服从于这个社会"的国家，国家是为这个社会占统治地位的阶级服务的国家，国家是阶级统治的暴力工具，而完全不是站在这个社会之上、之外，对全体社会成员平等的国家。国家统治下的自由是统治阶级阶级统治的自由，是被统治阶级服从统治的自由。"在今天，各种国家形式比较自由或比较不自由，也取决于这些国家形式把"国家的自由"限制到什么程度。"没有超阶级、超社会的绝对的自由。

德国社会主义工人党不把现存的社会、现存社会的生产方式、现实德国的统治阶级容克地主、资产阶级当作现存国家的基础，反而把国家当作一种具有自己的"精神的，道德的，自由的基础"的独立本质，完全没有认识到国家的阶级实质，是极其幼稚的！现存社会——资本主义社会是现存普鲁士国家的基础。

《哥达纲领》草案使用"现代社会""现代国家"这样的概念，"滥用了'现代国家'，'现代社会'等字眼"，模糊、淡化国家的阶级实质。马克思明确地指出："'现代社会'就是存在于一切文明国度中的资本主义社会，它或多或少地摆脱了中世纪的杂质，或多或少地由于每个国度的特殊的历史发展而改变了形态，或多或少地发展了。""现代社会"就是资本主义社会。

"现代国家"虽各不相同，普鲁士德意志帝国同瑞士不一样，英国同美国不一样，但是，不同文明国度的不同国家，不管它们的形式如何纷繁复杂，却有一个共同特点，即它们都是建筑在资本主义或多或少已经发展了的现代资产阶级社会的基础上。所以，它们具有某些极重要的共同特征。"现代国家制度"也就是资本主义国家。

"而未来就不同了，到那时'现代国家制度'现代的根基即资产阶级社会已经消亡了。"随着阶级的消灭，国家作为阶级统治的工具便自行消亡，那时才有真正的自由。

二、把精神、道德、自由当作国家的基础

【原文】

德国工人党——至少是当它接受了这个纲领的时候——表明：它对社会主义思想领会得多么肤浅；它不把现存社会（对任何未来的社会也是一样）当作现存国家的基础（或者不把未来社会当作未来国家的基础），**反而把国家当作一种具有自己的"精神的，道德的，自由的基础"的独立本质。**

　　《哥达纲领》草案"把国家当作一种具有自己的'精神的，道德的，自由的基础'的独立本质"。精神、道德、自由等等都属于思想的上层建筑范畴，而国家是政治的上层建筑。作为政治上层建筑的国家与作为思想上层建筑的精神、道德、自由等具有一致性，政治上层建筑的国家是精神、道德、自由等思想上层建筑的制度化、物质化。既然精神、道德、自由与国家同属上层建筑，那么，精神、道德、自由就不是国家的基础，即上层建筑不能作为上层建筑本身的基础。精神、道德、自由、国家作为上层建筑，它们是由经济基础决定的。资产阶级国家的基础是资本主义私有制的生产方式，是资本主义私有制的生产方式，即资本主义的经济基础决定了资本主义的精神、道德、自由等思想和资本主义国家制度。经济基础与上层建筑及其辩证关系如下：

　　经济基础是指由社会一定发展阶段的生产力所决定的生产关系的总和。理解经济基础的内涵，要把握两点：其一，经济基础的实质是社会一定发展阶段上的基本经济制度，是制度化的物质社会关系。在一定社会内部往往存在着多种而不是单一的经济关系，但决定一个社会性质的是其占支配地位的经济关系。其二，经济基础与经济体制具有内在联系。经济体制是社会基本经济制度所采取的组织形式和管理形式，是生产关系的具体实现形式。经济体制与生产力发展的关系更为直接、更为具体，在实践中它是与社会的基本经济制度结合在一起的。经济体制的选择是否恰当，对基本经济制度即生产关系的自我完善和生产力的发展起重大作用。

　　上层建筑是指建立在一定经济基础之上的意识形态以及相应的制度、组织和设施。自原始社会解体以来，上层建筑由意识形态和政治法律制度及设施、政治组织等两部分构成。意识形态又称观念上层建筑，包括政治法律思想、道德、艺术、宗教、哲学等思想观点，政治法律制度及设施和政治组织又称政治上层建筑，包括：国家政治制度、立法司法制度和行政制度；国家政权机构、政党、军队、警察、法庭、监狱等政治组织形态和设施。观念上层建筑和政治上层建筑的关系是：政治上层建筑是在一定意识形态指导下建立起来的，是统治阶级意志的体现；政治上层建筑一旦形成，就成为一种现实的力量，影响并制约着人们的思想理论观点。在整个上层建筑中，政治上层建筑居主导地位，国家政权是它的核心。

经济基础和上层建筑之间的矛盾，是人类社会的一切内部矛盾。在这对矛盾中，经济基础是矛盾的主要方面，起着决定作用；而上层建筑是矛盾的次要方面，处于被支配地位。经济基础决定上层建筑，上层建筑反作用于经济基础，就是经济基础和上层建筑的辩证关系。

经济基础对上层建筑的决定作用表现在两个方面：第一，经济基础决定上层建筑的产生及其性质，任何上层建筑都不是凭空建立起来的，而是在一定的经济基础之上产生的。有什么样的经济基础，就必然有什么样的上层建筑与之相适应。第二，经济基础的变化决定上层建筑的改变。当着某一社会的经济基础发生某些局部变化时，被其决定的上层建筑也要相应地发生局部变化；而当经济基础发生根本变革时，即旧经济基础被新经济基础代替时，旧的上层建筑也必然被新的上层建筑所代替。

上层建筑是被经济基础决定的，但它并不是消极地反映经济基础，相反，上层建筑一经建立起来，就对经济基础发生巨大的反作用。上层建筑对经济基础的反作用，集中表现为它是为经济基础服务的。当一定社会的经济基础是先进的经济基础的时候，这一社会的上层建筑就巩固它，从而促进生产力的发展，推动社会的进步；

当这一社会的经济基础变为腐朽落后的经济基础的时候，这一社会的上层建筑就极力维护这种经济基础，妄图使它免于灭亡，这时它就阻碍生产力的发展，阻碍社会的进步。

《哥达纲领》草案把精神、道德、自由当作国家的基础，便否定了社会的生产方式、经济关系对国家的决定作用，从而造成国家是超阶级的、永恒的实体的假象，掩盖了国家的阶级本质。

拉萨尔国家观与马克思国家观对比表

国家观	国家性质	历史观	依靠和基础	手　段	国家未来
拉萨尔国家观	道德本质	唯心史观	国家帮助	改良合法手段	千年国家
马克思国家观	经济基础	唯物史观	无产阶级阶级斗争	革命合法＋非法	资本主义是最后形态

三、向现存国家提出自己要求的幻想

【原文】

而且在纲领中还荒谬地滥用了"现代国家""现代社会"等字眼，甚至更荒谬地误解了**向之提出自己要求的那个国家**。

既然他们没有勇气——而这是明智的，因为形势要求小心谨慎——像法国工人纲领在路易－菲力浦和路易－拿破仑时代那样要求民主共和国，那就不应当采取这个既不"诚实"也不体面的手法：居然向一个以议会形式粉饰门面，混杂着封建残余，已经受到资产阶级影响，按官僚制度组织起来，并以警察来保卫的，**军事专制制度的国家**，要求只有在民主共和国里才有意义的东西，并且还庄严地向这个国家保证：他们认为能够用**"合法手段"**争得这类东西！

在这里，马克思批评、嘲讽拉萨尔派、德国社会主义工人党的领袖们"误解了向之提出自己要求的那个国家"，即他们不能清醒地认识当时德国普鲁士专制国家的实质。马克思指出：现存的德国是"一个以议会形式粉饰门面，混杂着封建残余，已经受到资产阶级影响，按官僚制度组织起来，并以警察来保卫的，军事专制制度的国家"。向"军事专制制度的国家"提出"只有在民主共和国里才有意义的东西"，是根本无法实现的。在这里马克思所说的"民主共和国"是指资产阶级民主共和国，"只有在民主共和国里才有意义的东西"是指拉萨尔提出的争取普选权等要求。资产阶级民主共和国有个普选权问题，还可以向它提出普选权要求，而以议会形式粉饰门面的军事专制制度国家，向它争取普选权只能是不切实际的幻想。事实上，1878年，也就是德国社会主义工人党成立的第三年，德国议会就通过了《镇压社会民主党企图危害治安的法令》，禁止德国社会主义工人党的活动，使德国社会主义工人党处于非法地位。党自身的存在都不被容许、都非法，还谈什么普选权！

当然，即使不是德国普鲁士军事专制制度国家，而是资产阶级民主共和国，作为领导德国工人运动的德国社会主义工人党也不应该向之提出争取普选权、依靠普鲁士"国家帮助"建立社会主义生产合作社的资产阶级性质的民主要求，而应该领导无产阶级反对资产阶级的阶级斗争，推翻现政权，实现社会革命，变现存资本主义私有制生产关系为社会主义公有制生产关系，求得无产阶级的彻底翻身解放。马克思批评、嘲讽拉萨尔派、德国社会主义工人党的领袖们"没有勇气""小心谨慎""不'诚实'也不体面",是跪着造反,完全没有工人阶级、无产阶级革命的光明磊落、大无畏英雄气概!甚至对于自己的敌人,对于自己必须消灭的普鲁士专制国家,德国社会主义工人党还庄严地向它保证、承诺:我们会用"合法手段"和你争取!这是多么滑稽的事情!那么,既不"诚实"也不体面的手法是什么手法呢?就是欺骗的手法,就是向资产阶级乞求的手法,就是向要不出什么东西的地方做个能要出什么东西的样子,并且认认真真地走过场,庄严地做保证:用"合法手段"实现我们无产阶级的目的!

《哥达纲领》草案后面还向普鲁士国家提出"平等的国民教育""免费诉讼""科学自由""信仰自由"等 6 点含糊、空洞、虔诚的资产阶级民主要求,充分体现了拉萨尔派对普鲁士国家的忠顺,和并不比对普鲁士国家的忠顺好多少的对资产阶级民主奇迹的信仰,完全背离了社会主义、背离了工人阶级的立场。

只反对资产阶级,不反对掌握政权的地主贵族阶级,这正是拉萨尔的观点。马克思《哥达纲领批判》一语道破拉萨尔不反对掌握政权的地主贵族阶级这一"现在大家都知道的理由":为了求得现存普鲁士国家的帮助和争得普选权。拉萨尔从 1860 年 5 月起多次与普鲁士政府首相俾斯麦密谈、通信,表示工人阶级"本能地感到自己倾向于独裁",他认为无产阶级只要通过和平的、合法的斗争,争得普选权,就可以把普鲁士君主专制国家变为自由的人民国家;他否认无产阶级进行经济斗争、政治斗争的必要性。为了笼络工人、打击资产阶级自由主义,德国普鲁士政府实行了一些提高工人福利待遇的政策,但若因此无产阶级与普鲁士政府结盟,就等于帮助巩固腐朽的专制统治。尽管拉萨尔提出要实现普选权,但是专制的普鲁士政府不可能做出太多的让步。

　　拉萨尔投靠普鲁士宰相俾斯麦，出卖德国工人阶级的利益。拉萨尔死后，拉萨尔的继承者仍然坚持拉萨尔的立场、观点，维护和支持普鲁士封建贵族地主的国家统治。爱森纳赫派的领导人毫无保留地接受拉萨尔的观点，为了迎合拉萨尔派拿原则做交易，这实际上是向拉萨尔机会主义屈膝投降，是违背工人阶级利益，完全不能容忍的。因此，理所当然地受到了马克思的尖锐批判。

　　马克思主张进行彻底的社会革命，社会革命不能简单通过向现存国家提出要求来实现，这是不可能的幻想，无产阶级要实现自己的愿望必须推翻现存的国家政权，独立创设不受政府保护，也不受资产者保护的工人阶级自己的政权，这种革命是自下而上的，革命者必须通过暴力斗争，是在改变现存生产关系基础上的彻底革命。因此，革命成果也是通过"合法手段"无法取得的。

拉萨尔资产阶级民主要求与马克思无产阶级专政理论对比表

	实现方式	劳动人民	民主实现	无产阶级地位	国　家	实　质
资产阶级民主要求	国家帮助改良	农民	人民未当权	被压迫	独　立"精神、道德"本质	资产阶级民主要求
无产阶级专政	阶级斗争革命	无产者	人民主权	解放	阶级实质、社会基础	无产阶级革命理论

第二节 过渡时期国家只能是无产阶级专政

一、资本主义和共产主义之间的革命转变时期

【原文】

于是就产生了一个问题：在共产主义社会里国家制度会发生怎样的变化呢？换句话说，那时有哪些同现代**国家职能**相类似的社会职能保留下来呢？这个问题只能科学地回答；否则，即使你把"人民"和"国家"这两个名词连接一千次，也丝毫不会对这个问题的解决有所帮助。

在资本主义社会和共产主义社会之间，有一个从前者变为后者的革命转变时期。同这个时期相适应的也有一个政治上的**过渡时期**……

国家是经济上占统治地位的阶级进行阶级统治的工具，国家建立在一定的生产关系这一经济基础之上，是为巩固和发展其占统治地位的生产关系——经济基础服务的，阶级性是国家的本质属性，国家体现统治阶级的利益、意志和要求。国家的职能是国家实质的体现，国家的职能分为对内职能和对外职能，以对内职能为主。

国家的对内职能一是**政治统治职能**：政治统治是指统治阶级维护和强化既定的政治关系与社会秩序，通过国家权力对全社会所进

行的一种强力支配与控制活动。具体来说，就是国家运用暴力、法制等特殊的强制力，控制被统治阶级、镇压被统治阶级及一切破坏现存的政治法律秩序、社会秩序的分子反抗的职能。由于这种职能主要是通过阶级的统治和镇压来实现，所以，有时又叫镇压职能。国家的政治统治职能是由国家的性质决定的，具有鲜明的阶级性。政治统治的主体是由统治主体组成的国家机器，以军队、警察、法庭、监狱等暴力机关为主。具体实施的手段是以暴力为主要依托，辅之以意志形态的灌输；**一是社会管理职能：（1）经济管理职能**是指政府为国家经济的发展，对社会经济生活进行管理的职能。**（2）文化管理职能**是指政府为满足人民日益增长的文化生活的需要，依法对文化事业所实施的管理。它是加强社会主义精神文明，促进经济与社会协调发展的重要保证。**（3）社会公共服务职能**即国家提供公共服务，完善社会管理的职能。这类事务一般具有社会公共性，无法完全由市场解决，应当由政府从全社会的角度加以引导、调节和管理。以我国为例：随着我国计划经济体制向社会主义市场经济体制的转变，我国政府主要有四大经济职能：①经济调节职能；②公共服务；③市场监管；④社会管理。我国政府的文化职能主要是：①发展科学技术；②发展教育；③发展文化事业；④发展卫生体育。目前，政府的社会职能主要有：①调节社会分配和组织社会保障的职能；②保护生态环境和自然资源的职能；③促进社会化服务体系建立的职能；④提高人口质量，实行计划生育的职能等。

国家的社会职能是政治统治职能实现的前提。恩格斯说："政治统治到处都是以实现某种社会职能为基础，而且政治统治只有在它执行了它的这种社会职能时才能继续下去"。任何国家的统治者，如果不能行使自己的社会职能，就是说不进行或者搞不好经济、文化建设，对环境保护、卫生健康、人口发展、交通运输的发展搞不好，或者对社会问题处理不好，那么，它的政治统治就要崩溃。因为社会职能行使不好，就会失去民心，也会失去政治统治的物质基础。社会职能是前提，是政治统治、是阶级职能实现的先决条件。政治职能是社会职能实施的保障。

国家的对外职能一是防御外部敌人的侵犯和颠覆，捍卫国家的主权和领土完整。主权是一个国家的生命和灵魂，领土是国家赖以生存和发展的物质基础，一个国家必须捍卫自己的主权和领土完整。在复杂的国际环境中，很多敌对势力党政军会对本国进行渗透、颠覆、分裂等活动，国家的建设将在复杂多变的国际环境中进行。所以，防御外敌的侵犯，捍卫国家的主权和领土的完整，是国家对外职能重要的方面；一是发展国际交流与合作。当代的世界是开放是世界，任何一个国家和民族要存在和发展，都需要不断吸收别的国家和民族先进的科技成果和经验，吸收和借鉴人类社会创造的一切文化成果，包括先进的经营方式、管理方式。

一般来说，国家的对内职能是主要的、基本的，对外职能服从对内职能，国家的对外职能是对内职能的继续。不同阶级的国家，性质不同，其职能也不尽相同。

在推翻资本主义制度后，"在共产主义社会里国家制度会发生怎样的变化呢？换句话说，那时有哪些同现代国家职能相类似的社会职能保留下来呢？"马克思根据他对无产阶级在现代资本主义社会中作用的分析，根据当时社会发展状况，根据无产阶级与资产阶级阶级利益根本对立、不可调和的实际材料，对这一问题作了科学的回答："在资本主义社会和共产主义社会之间，有一个从前者变为后者的革命转变时期。同这个时期相适应的也有一个政治上的过渡时期，这个时期的国家只能是无产阶级的革命专政。"马克思的这一回答，明确地提出了"过渡时期"的概念，并且认为这个时期的国家是无产阶级专政国家。

既然是"过渡时期"——资本主义社会和共产主义社会之间的革命转变时期,那么,它必然与它之前的资本主义社会、它之后的共产主义社会既存在一定的联系又存在一定的差别。一方面,它不同于资本主义社会,"过渡时期"是无产阶级推翻了资产阶级的统治,成为了国家的主人;另一方面,它又不同于共产主义社会,共产主义社会无阶级、无国家,实现的是自由人的联合体。而作为革命转变时期的"过渡时期",作为统治阶级的资产阶级和占主导地位的资本主义私有制生产方式已经不存在了,但是剥削阶级的人还在,剥削阶级思想的残余还存在,私有制生产方式还没有完全消灭,阶级差别、城乡差别、脑力劳动和体力劳动的差别还存在,阶级斗争还存在,所以,"过渡时期"国家的对内职能主要是阶级政治统治的职能必须保留下来,"这个时期的国家只能是无产阶级的革命专政。"否则,新生的政权可能得而复失。"过渡时期"国家的性质是无产阶级专政的新型国家,行使国家职能。

二、无产阶级的革命专政

【原文】

这个时期的国家只能是**无产阶级的革命专政**。

但是,这个纲领既没谈到无产阶级的革命专政,也没谈到未来共产主义社会的国家制度。

在《哥达纲领批判》中详细阐述了从资本主义向共产主义过渡时期,必然要实行无产阶级专政。马克思说:"在资本主义社会和共产主义社会之间,有一个从前者变为后者的革命转变时期。同这个时期相适应的也有一个政治上的过渡时期，这个时期的国家只能是无产阶级的革命专政。"①

列宁在《国家与革命》一书中，特别强调和捍卫无产阶级专政，强调在过渡时期必须坚持无产阶级专政，一个阶级的专政，不仅对一般阶级社会是必要的，不仅对推翻资产阶级的无产阶级是必要的，对介于资本主义和无阶级社会即共产主义之间的整整一个历史时期都是必要的。

国家是经济上占统治地位的阶级进行阶级统治的工具，国家建立在一定的生产关系这一经济基础之上，是为巩固和发展其占统治地位的生产关系——经济基础服务的，阶级性是国家的本质属性，国家体现统治阶级的利益、意志和要求。国家的职能是国家实质的体现，国家的职能分为对内职能和对外职能，以对内职能为主。国家的**对内职能**一是政治统治职能；一是社会管理职能。国家的**对外职能**一是防御外部敌人的侵犯和颠覆，捍卫国家的主权和领土完整；一是发展国际交流与合作。不同阶级的国家，性质不同，其职能也不尽相同。

在推翻资本主义制度后，"在共产主义社会里国家制度会发生怎样的变化呢？换句话说，那时有哪些同现代国家职能相类似的社会职能保留下来呢？"马克思根据他对无产阶级在现代资本主义社会中作用的分析，根据当时社会发展状况，根据无产阶级与资产阶级阶级利益根本对立、不可调和的实际材料，对这一问题作了科学的回答："在资本主义社会和共产主义社会之间，有一个从前者变为后者的革命转变时期。同这个时期相适应的也有一个政治上的过渡时期，这个时期的国家只能是无产阶级的革命专政。"马克思的这一回答，

---

① 马克思恩格斯.《马克思恩格斯选集》（第三卷）北京：人民出版社，1995：第314页

明确地提出了"过渡时期"的概念，在这个特定的历史时期，无产阶级专政的历史任务是打碎旧的国家机器，建立自己的统治，把土地、工厂等生产资料收归国有，为消灭国家和阶级、实现共产主义创造条件。这个专政不过是达到消灭一切阶级和进入无阶级社会的过渡，是阶级斗争发展的必然结果，又是通往共产主义的必然途径。

既然是"过渡时期"——资本主义社会和共产主义社会之间的革命转变时期，那么，它必然与它之前的资本主义社会、它之后的共产主义社会即存在一定的联系又存在一定的差别。一方面，它不同于资本主义社会，"过渡时期"是无产阶级推翻了资产阶级的统治，成为了国家的主人；另一方面，它又不同于共产主义社会，共产主义社会无阶级、无国家，实现的是自由人的联合体。而作为革命转变时期的"过渡时期"，作为统治阶级的资产阶级和占主导地位的资本主义私有制生产方式已经不存在了，但是剥削阶级的人还在，剥削阶级思想的残余还存在，私有制生产方式还没有完全消灭，阶级差别、城乡差别、脑力劳动和体力劳动的差别还存在，阶级斗争还存在，所以，"过渡时期"国家的对内职能主要是阶级政治统治的职能必须保留下来，"这个时期的国家只能是无产阶级的革命专政。"否则，新生的政权可能得而复失。"过渡时期"国家的性质是无产阶级专政的新型国家。

无产阶级专政国家是人类社会国家发展史上的一次伟大飞跃，它是人类社会最后、也是最进步的新型国家政权。与以往剥削阶级专政国家的性质根本不同，无产阶级专政是新型民主与新型专政相结合的国家。在阶级本质上，无产阶级专政国家是对少数剥削者和反人民的敌对势力实行专政，对无产阶级和广大劳动人民实行广泛的民主，劳动人民破天荒第一次成为国家的主人。

无产阶级专政就是工人阶级带领全体劳动者，团结一切可以团结的力量，在人民内部实行最广泛的民主和对阶级敌人实行专政，以最终消灭剥削、消灭阶级为使命的新型国家政权。无产阶级专政是工人阶级通过共产党领导的国家政权，国家和社会必须按照工人阶级和劳动人民的意志进行改造和建设。由哪个阶级领导政权是决定国家政权性质的首要标志，由工人阶级领导的政权一般属于无产阶级专政，也有属于工农民主专政或各革命阶级联合专政的国家。

工人阶级对无产阶级专政的领导作用是通过共产党的领导实现，共产党是无产阶级专政国家的领导核心。在共产党的领导下，建立工农联盟，团结农民阶级、手工业者、自由职业者，给予私营业主必要的利益，使其团结一致，共同建设国家。对爱国主义者和拥护祖国统一的人应该团结和保护，对肆意散布谣言分裂国家、不拥护祖国统一的人实行必要的专政。历史经验表明，只有在共产党的坚强领导之下，无产阶级专政才能巩固。无产阶级专政是以工农联盟为阶级基础的国家政权，建立工农联盟，对于无产阶级夺取和巩固政权具有至关重要的意义。在资本主义制度下，农民也是受剥削的劳动者，他们是工人阶级天然的同盟军。工人阶级只有把农民团结联合起来，才能形成足以战胜剥削阶级反动统治的强大革命力量，从而摧毁资产阶级的国家机器，建立无产阶级专政的国家政权。否则，无产阶级革命就"不免要变成孤鸿哀鸣"式的"独唱"，是很难取得成功的。无产阶级取得革命的胜利，建立了无产阶级专政国家后，同样也离不开农民的支持，只有把无产阶级专政建立在稳固的工农联盟基础上，无产阶级政权才有牢固的群众根基，才有战胜一切敌对势力、克服一切困难的力量。

无产阶级专政的最终目标是消灭剥削、消灭阶级，进到无阶级社会。为了实现这一伟大目标，无产阶级专政担负着极其繁重的历史任务，这些任务是：镇压国内阶级敌人的反抗和破坏活动，保护人民群众的合法权益；变革生产资料私有制，建立和发展社会主义公有制；领导和组织经济建设；防止国外敌对势力的侵略和颠覆，支援世界人民的革命斗争等。

无产阶级专政的国家形式具有多样性。由于各个国家的历史条件、阶级力量对比、民族文化传统习惯不同，社会主义各国采取的国家形式也不尽相同，从而使得无产阶级专政的国家形式呈现出多样性。各个社会主义国家采取什么政权组织形式，需要根据自己的国情，在斗争实践中摸索。无产阶级专政的国家政权不仅在阶级本质上，而且在政权组织形式上，与一切剥削阶级专政的国家有着本质的区别。在无产阶级专政国家发展的历史过程中，产生过巴黎公社制、苏维埃制、人民代表大会制等无产阶级专政的国家政权组织形式。

在《哥达纲领批判》中，马克思从资本主义国家无产阶级革命斗争的实际出发，科学地预见了从私有制、充满剥削压迫的资本主义社会到公有制、无阶级无国家的共产主义社会必须有一个过渡时期，在这个过渡时期必须坚持无产阶级的革命专政。马克思之后社会主义国家的实践充分证明了马克思当年预见的科学性。在社会主义制度建立之后必须坚持无产阶级专政，这是因为：第一，社会主义时期还存在着一定范围的阶级斗争。在剥削阶级作为完整意义的阶级不复存在以后，对少数危害社会的坏分子也仍然需要保留无产阶级专政的国家职能予以打击，以维护国家的稳定、社会的安宁，保护人民群众的生命财产安全和建设社会主义。由于社会主义国家新生政权长期处于资本主义的包围之中，因而无产阶级专政还肩负着在世界范围内保卫社会主义制度的职责。依靠无产阶级专政保卫新生的还比较弱小的社会主义制度，这是马克思主义的一个基本观点。第二，无产阶级专政的根本任务是不断巩固、发展无产阶级政治统治和社会主义制度，全面改造旧社会，发展社会生产力，增强社会主义的物质基础，建设社会主义物质文明文明和精神文明，实现向人类的理想社会——共产主义的过渡。第三，无产阶级专政也是建设社会主义民主的需要。随着专政职能的逐渐缩小，民主职能逐步扩大，社会主义民主政治得到充分发展，最后作为国家制度的民主也将归于消亡。

然而，作为指导工人运动的纲领性文件——《哥达纲领》，却没有提到无产阶级奋斗目标、无产阶级专政、共产主义国家制度，也没有远大的革命理想，这是不能原谅的重大错误。马克思尖锐批判这一点，指出无产阶级专政的最终目标是消灭剥削、消灭阶级，进入到无阶级社会。

无产阶级专政国家的必要性、实现途径及主要任务表

必要性	实现途径	主要任务
资本主义与共产主义社会之间，有一个从前者变为后者的革命转变时期，同这个时期相适应也有一个政治上的过渡时期。这个时期的国家只能是是无产阶级专政	在资本主义社会这个最后的国家形式里，阶级斗争必将进行最后的决战，必将发生无产阶级暴力革命，通过流血的斗争推翻反动的资产阶级国家政权	打碎旧的国家机器，建立自己的统治，把土地、工厂等生产资料收归国有，为消灭国家和阶级、实现共产主义创造条件

第三节　最后的国家形式阶级斗争最后的决战

一、合法手段、民主主义的废话

【原文】

纲领的政治要求除了陈旧的、人所共知的民主主义的废话，如普选权，直接立法权，人民权力，人民军队等等之外，没有任何其他内容。这纯粹是资产阶级的人民党、和平和自由同盟的回声。所有这些要求凡不属于空想的，都已经**实现了**。不过实现了这些要求的国家不是在德意志帝国境内，而是在瑞士，美国等等。这类"未来的国家"就是**现代的国家**，虽然它是存在于德意志帝国的"范围"以外。

但他们忘记了一点，既然德国工人党明确地声明，它是在"现代民族国家"内，就是说，是在自己的国家即普鲁士德意志帝国内进行活动，——否则，它的大部分要求就没有意义了，因为人们只要求他们所没有的东西——那末，它就不应该忘记主要的一点，这就是这一切美丽的东西都建立在承认所谓人民主权的基础上，所以它们只有在**民主共和国**内才是适宜的。

《哥达纲领》草案的政治要求是陈旧的资产阶级"民主主义的废话"，因为如普选权、直接立法权、人民权力、人民军队等等，纯粹是资产阶级人民党、和平和自由同盟的回声，是资产阶级民主主义的陈年要求和主张，这些陈年要求和主张，在除了德意志专制帝国外的瑞士、美国等一些资产阶级民主国家都已经实现了。

但是，德国社会主义工人党明确声明，它只是在自己的国家即普鲁士专制德国国内进行活动，所以，它的大部分要求——普选权、直接立法权、人民权力等都没有意义，这些既是资产阶级早已经提过的、陈旧的"民主主义的废话"，又是只有在资产阶级民主共和国才适宜、才能实现，在普鲁士专制德国不适宜、根本不能实现的虚无缥缈的幻象，事实上，实现普选权、直接立法权、人民权力等并不是无产阶级的历史使命。

马克思主义的科学社会主义理论指出，无产阶级的历史使命指无产阶级在人类社会从阶级社会向无阶级社会的过渡中的特殊历史任务和作用。马克思和恩格斯发现，无产阶级不仅是社会中最受压迫的阶级，而且是具有彻底革命性的革命的阶级。无产阶级的历史使命是推翻资本主义旧世界，创建社会主义，最终实现共产主义，解放全人类。共产主义社会建成之日，就是无产阶级的历史使命的完成之时。为完成这一艰巨而伟大的任务，无产阶级必须建立自己的政党，以马克思主义作为指导思想，同全体劳动人民和被剥削者结成联盟，推翻资本主义统治，建立无产阶级专政，然后在此基础上创造各种条件，最终实现共产主义。

用"人所共知的民主主义的废话"，如普选权，直接立法权，人民权力，人民军队等，取代马克思主义的科学社会主义理论，这纯粹是资产阶级的人民党、和平和自由同盟的回声，是从无产阶级的政党倒退到资产阶级的人民党！

二、资本主义国家不是千年王国

【原文】

庸俗的民主派**把民主共和国看作千年王国**。

欧洲文艺复兴开始的整个资产阶级革命，在反对封建主义的斗争中打起"自由、平等、博爱"的资产阶级大旗，新兴资产阶级反对宗教神性至上，主张人性至上；反对封建等级制，主张平等自由；反对封建蒙昧，主张理性、科学，从而促进生产力、科学技术的迅猛发展，社会物质文明的高度发达。资本主义的核心思想价值观是人道主义、主体主义、个体主义、理性主义，这些思想价值观在反对封建主义的斗争中发挥了巨大的作用，有着巨大的历史进步意义。然而，随着资产阶级统治的建立，所谓"自由，平等，博爱"变得越来越虚伪：无休止的战争和掠夺，对落后民族的惨无人道的屠杀，劳动阶级的极端贫困，统治阶级的腐败与堕落，这一切资本主义时代的现实使人道主义蜕变成意识形态的说教、虚伪的招牌；主体主义使人成为疯狂主体、绝对主体，主体人与客体自然界二元对立，造成自然之死，人类生存困境；个体主义导致人与他人、与社会不合作的无政府主义；理性主义导致理性专制，社会的全面理性化，现代社会变成理性"新牢笼"，严重压抑了人的情感、意志等非理性因素。

历史唯物主义指出：人类社会处于不断的运动、变化和发展中，历史上依次更替的一切社会制度都只是人类社会由低级到高级无穷发展过程中的暂时阶段；物质资料生产是人类社会赖以存在和发展的物质基础，由此所决定的社会形态的发展是一个合乎规律的自然历史过程；生产力与生产关系、经济基础与上层建筑的矛盾，推动社会由一种制度进到另一种制度；作为社会基本矛盾在一定历史阶段上集中表现的阶级斗争是推动阶级社会发展的直接动力。历史唯物主义的创立，是社会科学思想中最伟大的成果。

世界是物质的，物质是运动的，世界上的万事万物都是运动的，而发展是将新事物代替旧事物的运动变化。由此我们可以看出发展的实质是新事物的产生和旧事物的灭亡。世界上的万事万物是变化发展的。因此我们不能用一成不变的眼光看待问题。人们要正确地认识事物、分析问题，就必须用发展的观点观察和处理问题，看待国家发展也是同样，资本主义国家不是千年王国，终将被新的社会所代替，庸俗的民主派把民主共和国看作千年王国是违背历史发展规律的。对于资本主义国家的认识必须做到以下3点：

第一，要把资本主义国家如实地看成一个变化发展的过程。资本主义国家在他存在之日起确实比封建社会有进步之处，在反对封建主义的斗争中打起"自由、平等、博爱"的资产阶级大旗。然而，随着资产阶级统治的建立，所谓"自由、平等、博爱"变得越来越虚伪：无休止的战争和掠夺，对落后民族的惨无人道的屠杀，劳动阶级的极端贫困，统治阶级的腐败与堕落，这一切证明资本主义国家并不是最理想的社会。

第二，要弄清资本主义国家在历史发展过程中所处的阶段。事物都有其产生、发展和灭亡的过程。而事物在每个阶段所处的地位、作用和状况又是不同，我们要正确认识事物所处的发展阶段。资本主义国家并不是千年王国，它也有产生、发展和灭亡的过程。

第三，无产阶级要肩负起埋葬资本主义的历史使命，建立社会主义国家。

资本主义社会绝不是人类最美好、最理想的社会，把资本主义看作永恒的、唯一美好的"千年王国",是违背历史发展规律的。

三、阶级斗争要进行最后的决战

【原文】

他们完全没有想到,正是在资产阶级社会的这个最后的国家形式里阶级斗争要进行最后的决战,——就连这样的庸俗的民主派也比这种局限于为警察所容许而为逻辑所不容许的范围内的民主主义高明得多。

所谓**阶级**,就是这样一些大的集团,这些集团在历史上一定的社会生产体系中所处的地位不同,同生产资料的关系(这种关系大部分是在法律上明文规定了的)不同,在社会劳动组织中所起的作用不同,因而取得归自己支配的那份社会财富的方式和多寡也不同。

阶级斗争是指各对抗阶级之间的斗争,其中包括剥削阶级和被剥削阶级之间的斗争,也包括上升时期的剥削阶级和腐朽没落的剥削阶级之间的斗争。在同一社会形态中存在的两个被剥削的劳动阶级之间,也有差别、有矛盾,但它们之间矛盾的解决,一般不取阶级斗争的形态。

阶级斗争的根源:物质利益的对立是阶级斗争的根源。在以生产资料私有制为基础的社会里,剥削阶级利用他们占有的生产资料,占有被剥削阶级的剩余劳动,使被剥削阶级处于被剥削、被压迫的地位;同时剥削阶级为了维持他们的经济地位,也必然要在政治上占统治地位,对被剥削阶级实行政治压迫。被剥削阶级只有进行斗争,才能改善自己的经济地位和政治地位,求得自身的解放。阶级斗争归根到底是由于物质利益的对立引起的,而阶级之间进行阶级斗争的目的,都是直接或间接为了某种物质利益。阶级斗争存在于一切阶级社会之中,存在于每一个阶级社会的各个领域之中。阶级斗争的具体形式是多种多样的，归结起来主要有 3 种形式：经济斗争、政治斗争、思想斗争。

阶级斗争在社会发展中的作用及表现：阶级斗争在社会发展中起着重要作用，它是阶级社会历史发展的直接动力或伟大动力。主要表现为两个方面。首先，阶级斗争推动社会发展的作用，最明显地表现在社会形态更替的过程中。生产关系必须适合生产力性质、上层建筑必须适合经济基础发展要求的规律，在阶级社会里只有通过阶级斗争，才能实现。其次，阶级斗争推动社会发展的作用，还表现在同一社会形态的量变过程中。在以生产资料私有制为基础的阶级社会里，剥削阶级出于它的本性，总是残酷地剥削和压迫劳动群众，被剥削阶级只有起来反抗，才能迫使剥削阶级节制一下它的剥削欲，保证社会再生产正常运行，从而推动社会在各种不同程度上向前发展。

阶级的消灭和国家的消亡：阶级消灭的条件和国家消亡的前提：阶级是在生产力有一定发展而又发展不足的情况下产生和存在的。当生产力高度发展，社会财富可以充分满足每一个人的需要，任何人都没有必要占有别人的剩余劳动的时候，阶级就必然消灭。在阶级完全消灭以后，国家也必将消亡。阶级的完全消灭是国家消亡的前提。

拉萨尔派、德国工人运动的领袖们根本没有想到，资本主义社会就是阶级斗争的决战阶段。资产阶级国家是人类历史上最后一个国家形式，共产主义社会消灭了阶级，国家也自行消亡了。在资产阶级社会这个最后的国家形式里，阶级斗争必将进行最后的决战，必将爆发无产阶级反对资产阶级的阶级斗争，必将发生无产阶级的暴力革命，通过流血的斗争推翻反动的资产阶级国家政权。局限于为警察所容许的范围内的"合法手段"的斗争是极其低级的。

马克思说，就连庸俗的资产阶级民主派都比《哥达纲领》草案的炮制者高明得多。

第四节 不越过资产阶级水平的民主喧嚣

一、国家的经济基础

【原文】

事实上，他们是把"国家"了解为政府机器，或者了解为构成一个由于分工而和社会分离的独特机体的国家，这可以从下面的话得到证明："**德国工人党提出下列要求作为国家的经济基础：实行统一的累进所得税……**"赋税是政府机器的经济基础，而不是其他任何东西。在存在于瑞士的"未来的国家"里，这种要求差不多已经实现了。所得税是以不同社会阶级的不同收入财源为前提，就是说，以资本主义社会为前提。所以，利物浦的财政改革派——以格莱斯顿的弟弟为首的资产者们——提出和这个纲领相同的要求，这是不足为奇的。

德国社会主义工人党把"国家"单纯、抽象地理解为政府管理机构，或者理解为和现存社会分离的独特机构。这一点，从德国社会主义工人党提出的以实行统一的累进所得税作为国家的经济基础，就可以得到证明。

德国社会主义工人党提出，实行统一的累进所得税作为国家的经济基础，这与利物浦的财政改革派——以格莱斯顿的弟弟为首的资产阶级提出的要求是相同的。并且，这种要求在如瑞士这样先进的资产阶级国家差不多已经实现了。由于累进所得税是以不同阶级的不同收入为前提，即以资本主义社会为前提，所以，德国社会主义工人党提出，把统一的累进所得税作为国家的经济基础，说明他们并没打算消灭资本主义制度，而只是在资本主义制度内、框架下实行资产阶级的社会改良。

国家是阶级统治的工具，是统治阶级对被统治阶级实行专政的暴力组织，主要由军队、警察、法庭、监狱等组成。国家是阶级矛盾不可调和的产物和表现，它随着阶级的产生而产生，也将随着阶级的消灭而自行消亡。

所谓资本主义国家是资产阶级反对封建制度革命胜利后建立的国家，是维护资本主义生产关系和资产阶级的根本利益的工具。资产阶级对工人阶级及其他劳动者实行政治统治的国家。它是资产阶级在反对封建制度的革命胜利后建立起来的，是资本主义生产关系适应生产力发展以取代封建社会生产关系的结果。资本主义生产关系主要是生产资料的资本家占有制。资本家占有生产资料并用以剥削出卖劳动力的雇佣工人，是资本主义社会的经济基础。在资本主义生产关系中占统治地位的资产阶级和受剥削被压迫的无产阶级的对立，是资本主义社会的主要矛盾。随着资本主义经济的发展，虽然在两大阶级内部的阶层有所变化，但它们作为资本主义社会的主要矛盾没有改变。资本主义制度已经有三四百年的历史，经历了自由资本主义和垄断资本主义的发展时期。在不同发展时期，资本主义国家有不同的特点和某些制度的变化。资本主义国家的本质，是资产阶级对无产阶级的政治统治，是资产阶级专政。所谓资本主义国家，即资产阶级专政的国家。资本主义国家代替封建制国家是历史发展的必然，是生产关系一定要适合生产力性质的基本规律作用的结果。资本主义国家是建立在资本主义私有制的基础上。在实现专政的方式上，一般采取"普选制、议会制"等民主形式；其政权组织形式主要有"民主共和制和君主立宪制"。

资本主义国家以资本主义生产关系为经济基础：第一，资本主义社会生产资料的私人所有和剥削雇佣劳动关系，构成了资本主义国家权力的力量基础。第二，资本主义社会生产资料的私人所有和剥削雇佣劳动关系，决定了资本主义国家政治生活的基本价值取向和运行规则。第三，资本主义社会生产资料的私人所有和剥削雇佣劳动关系，决定了资本主义国家的变化和发展。资本主义国家以维护和服务于整个资产阶级的利益为根本出发点和目标。它或者是为维护资本主义社会秩序创造条件，或者是为了缓和无产阶级和广大劳动人民与资产阶级的矛盾，其根本目的仍是为了维持资产阶级对于雇佣劳动的剥削关系、资产阶级统治的政治秩序以及有利于资产阶级的社会利益分配。

资本主义国家是对无产阶级和广大人民群众的专政。拉萨尔主张采用的所谓"民主"方式，依靠国家帮助建立社会主义，实现自己的权利，普鲁士国家也给予无产阶级和劳动人民以一定的政治自由与参与权。就其本质而言，这种民主统治方式是一种虚伪的民主，其根本目的仍然是对于无产阶级和劳动人民的专政，资本主义国家的政治权力和政治过程的平等，只是政治形式上的平等，由于资本主义民主是以金钱为驱动力的，无产阶级和广大劳动人民难以进入资本主义政治结构，又左右不了资本主义国家的政治过程和决策。

因此，德国社会主义工人党提出，把统一的累进所得税作为国家的经济基础，说明他们并没消灭现有社会制度建立新社会的打算，而只是在资本主义制度内、通过合法的手段、不变更政权、在资本主义框架下，依靠国家帮助实行资产阶级的社会改良。因此，是不彻底的变革，本质上属于资产阶级民主性质，而不是无产阶级要求。

二、国家的精神道德基础

【原文】

B. 德国工人党提出下列要求作为国家的精神和道德的基础：

1. "通过国家来实施普遍的和**平等的国民教育**。实施普遍的义务教育。实施**免费教育**。"

平等的国民教育？他们怎样理解这句话呢？是不是以为在现代社会里（而所谈到的只能是现代社会）教育对一切阶级都可能是**平等的**呢？或者是要求上层阶级也被迫降到很低的教育水平——国民小学，即降到不仅唯一适合于雇佣工人的经济状况，而且唯一适合于农民的经济状况的教育水平呢？

"实施普遍的义务教育。实施免费教育。"前者甚至存在于德国，后者对国民小学来说存在于瑞士和美国。如果说，在美国的几个州里，高等学校也是"免费"的，那末，事实上这不过是从总税收中替上层阶级支付了教育费用而已。顺便指出，A项第五条所要求的"免费诉讼"也是如此。刑事诉讼到处都是免费的；而民事诉讼几乎只涉及财产纠纷，因而几乎只和有产阶级有关。难道它们应当用人民的钱来打官司吗？

在关于学校的一段里，和国民小学一起还应该提出技术学校（理论的和实践的）。

"通过国家来实施国民教育"是完全要不得的。用一般的法律来确定国民小学的经费，教员的资格，学习的科目等等，并且像美国那样通过国家视察员来监督这些法律规定的实施，这和指定国家为人民的教育者完全是两回事！相反地，应该使政府和教会一样对学校不起任何影响。在普鲁士德意志帝国内（他们会说，他们谈的是"未来的国家"，但是这种空洞的遁辞在这里也无济于事，——我们已经看到，在这方面是怎样一回事了），倒是国家需要从人民方面受到严格的教育。

但是整个纲领，尽管满是民主的喧嚣，却彻头彻尾地感染了拉萨尔派的对国家的忠顺信仰，或者说感染了并不比前者好一些的对民主奇迹的信仰，或者说的更正确些，它是这两种同样背离社会主义的对奇迹的信仰的妥协。

"科学自由"——普鲁士宪法中有一条就是这样写的，为什么把它写在这里呢？

"信仰自由"！如果现在，在进行"文化斗争"的时候，要想提醒自由主义者记住他们的旧口号，那末只有采用下面这样的形式才能做到这一点：每一个人都应当有可能实现自己的宗教需要，就像实现自己的肉体需要一样，不受警察干涉。但是工人党本来应当乘此机会说出自己的看法：资产阶级的"信仰自由"不过是容忍各种各样的**宗教信仰自由**而已，而工人党却力求把信仰从宗教的妖术中解放出来。但是他们不愿越过"资产阶级的"水平。

德国社会主义工人党的《哥达纲领》草案提出平等的国民教育，对此马克思指出，教育不可能对一切阶级平等，上层统治阶级、资本家不可能降到很低的教育水平——国民小学，即降到唯一适合于雇佣工人的经济状况，而且唯一适合于农民的经济状况的教育水平。经济条件决定受教育水平，经济上占统治地位的容克地主、资产阶级的子女在文化、受教育方面也一定占优势地位，而不可能与雇佣工人、农民的子女享有同等教育水平。

关于《哥达纲领》草案提出实施免费义务教育的问题。马克思指出，实施免费义务教育已经存在于瑞士和美国的国民小学。在美国的几个州里，高等学校也是"免费"的，这不过是从国家总税收中替上层阶级支付了教育费用而已。免费义务教育是在一些资产阶级国家已经实现了的事情，所以，它也不应该成为工人运动、无产阶级革命所提出的要求，追求的目标。

关于《哥达纲领》草案A项第五条所要求的"免费诉讼"问题，也是如此。刑事诉讼到处都是免费的，而民事诉讼几乎只涉及财产纠纷，因而几乎只和有产阶级、有钱人有关，和无产者无关。难道有产阶级、有钱人应当用人民的钱来打官司吗？工人运动、无产阶级革命提出"免费诉讼"的要求毫无意义。

"通过国家来实施国民教育"完全要不得，相反，应该使政府和教会一样对学校不起任何影响。在普鲁士德国，倒是国家需要从人民方面受到严格的教育。资产阶级国家的意识形态对无产阶级和广大人民群众起到的是压迫、束缚、欺骗和愚弄，无产阶级和广大人民群众应该用无产阶级的思想、用马克思主义理论同资产阶级国家的意识形态、思想进行针锋相对的斗争，资产阶级国家需要人民——无产阶级和广大劳动人民的教育。

《哥达纲领》草案满是资产阶级民主要求的喧嚣，民主的喧嚣背后，是彻头彻尾地拉萨尔派对普鲁士专制国家的忠顺！是对资产阶级民主奇迹的信仰！而对普鲁士国家政府的忠顺和对资产阶级民主奇迹的信仰，马克思说，谁也不比谁"好一些"，二者都是背离社会主义、背离无产阶级、工人运动利益的。

至于德国社会主义工人党《哥达纲领》草案中的"科学自由"要求，普鲁士现行宪法中有一条就是这样写的！这样的要求有何意义！

对于"信仰自由"：资产阶级的"信仰自由"不过是容忍宗教信仰自由，德国社会主义工人党若谈"信仰自由"，本来应当乘此机会说出无产阶级政党自己对于自由的要求和主张，即把工人从阶级统治、社会压迫的束缚中解放出来。但是没有，德国社会主义工人党与资产阶级一样，只是力求把工人的"信仰从宗教妖术中解放出来"。德国社会主义工人党的《哥达纲领》草案不愿越过、没有超出"资产阶级的"水平。

三、六点含糊、空洞、虔诚的具体要求

【原文】

现在我就要讲完了，因为纲领中接下去的部分在里面并不是主要的。所以我在这里只简单地谈一谈。

2. "正常的劳动日。"

其他任何国家的工人党都没有局限于这种含糊的要求，而总是明确地指出，在当前条件下多长的劳动日是正当的。

3. "限制妇女劳动和禁止儿童劳动"。

如果限制妇女劳动指的是劳动日的长短和工间休息等等，那末劳动日的正常化就应当已经包含了这个问题；否则，限制妇女劳动只能意味着在那些对妇女身体特别有害或者对女性不道德的劳动部门中禁止妇女劳动。如果指的就是这点，那就应当加以说明。

"禁止童工"！这里绝对必须指出**年龄界限**。

普遍禁止童工是和大工业的发展不相容的，所以这是空洞的虔诚的愿望。

实行这一措施——如果可能的话——是反动的，因为在按照各种年龄严格调节劳动时间并采取其他保护儿童的预防措施的条件下，生产劳动和教育的早期结合是改造现代社会的最强有力的手段之一。

4. "对工厂工业，作坊工业和家庭工业实行国家监督。"

在普鲁士德意志帝国这样一个国家里，应该明确地要求，工厂视察员只有经过法庭才能撤换；每个工人都可以向法庭告发视察员的失

职行为，视察员必须是医生出身。

5."调整监狱劳动。"

在一个一般的工人纲领里面，这是一种微不足道的要求。无论如何应该明白说出，工人们完全不愿意由于担心竞争而让一般犯人受到牲畜一样的待遇，特别是不愿意使他们失掉改过自新的唯一手段即生产劳动。这是应当期望于社会主义者的最低限度的东西。

6."有效的责任法。"

应该说明，"有效的"责任法是什么东西。

顺便指出，在关于正常劳动日的一条中，忽略了工厂立法中关于卫生设施和安全措施等等那一部分。只有当这些规定遭到破坏时，责任法才发生效力。

总之，这一部分也是写得很草率的。

我已经说了，我已经拯救了自己的灵魂。

《哥达纲领》草案的这一部分并不是主要的、要害的、有实质、原则性错误的部分，而是6点关于工人利益的具体要求，马克思认为，这些要求含糊、空洞、虔诚，应该更加明确。对此，马克思一条一条地指出其中应该明确的内容：

第二条关于"正常的劳动日"（第一条关于"国民教育"在上一个问题中），马克思认为，应该明确地指出，多长的劳动日是正当的。任何国家的工人党都没有像《哥达纲领》草案这样，局限于这种含糊的要求。

第三条关于"限制妇女劳动和童工"，马克思指出，不能全面禁止妇女劳动，只能禁止那些对妇女身体特别有害或者对女性不道德的劳动。如果《哥达纲领》草案的"限制妇女劳动"指的是妇女劳动日的长短和工间休息等等，那么，劳动日的正常化里就应当包含"妇女劳动日的长短和工间休息"这个问题。"限制妇女劳动"的准确含义应当加以说明。

关于"禁止童工"，必须指出所谓童工的年龄界限，指出雇佣多大年龄以下的童工是违法的，如果在按照各种年龄严格调节劳动时间并且还采取其他保护儿童的预防措施的条件下雇佣童工，无论对大工业还是对童工自身都是有益的，因为生产劳动和教育的早期结合是改造现代社会的最强有力的手段之一，普遍禁止童工与大工业的发展不相容，童工适当的工作是向社会学习的一个良好途径。

第四条关于"对工厂工业，作坊工业和家庭工业实行国家监督"，马克思认为，应该明确地要求，在普鲁士德国这样一个国家里，工厂视察员只有经过法庭才能撤换；每个工人都可以向法庭告发视察员的失职行为，视察员必须是医生出身。

第五条关于"调整监狱劳动"，马克思认为，在工人党的纲领里，这是一种微不足道的要求。《哥达纲领》草案应该明白说出，无论如何，工人们完全不愿意由于担心竞争而让监狱里的一般犯人受到牲畜一样的待遇，特别是不愿意使他们失掉改过自新的唯一手段——生产劳动。这是期望于一个社会主义者的最低限度的东西。这里体现了马克思的人道主义精神。

第六条关于"有效的责任法"，马克思指出，应该说明"有效的"责任法是什么东西。在第二条关于"正常劳动日"中，《哥达纲领》草案还忽略了工厂立法中关于卫生设施、安全措施等部分内容。只有当这些规定遭到破坏时，责任法才发生效力。

马克思说，《哥达纲领》草案中的这一部分写得也很草率、含糊不清。

在《哥达纲领批判》的最后，马克思对起草《哥达纲领》草案的德国社会主义工人党的领袖们说了一句关于《哥达纲领》草案内容之外的话："我已经说了，我已经拯救了自己的灵魂。"这句话的意思是，我已经说了我对《哥达纲领》草案的意见，我尽心了，我的灵魂安宁了。言外之意，德国社会主义工人党的领袖们，你们看着办吧！希望你们也能拯救自己的灵魂、对得起德国工人运动。

《哥达纲领》对未来社会的 6 点含糊要求与马克思相关批判对比表

拉萨尔的主张	"国民教育"	"正常工作日"	"限制妇女劳动和禁止儿童劳动"	"国家监督工业"	"调整监狱劳动"	"有效的责任法"
马克思的批判	经济条件决定受教育水平，阶级社会里没有完全平等的国民教育	含糊不清，究竟多长工作日才算正常	应当限制对妇女有害或不道德的劳动，并明确妇女劳动日的长短和工间休息。儿童应该有年龄界限	工厂视察员经法庭才能更换，视察员受工人监督，出身必须是医生	这个要求微不足道，是工人阶级最低要求	应明确责任法是什么，什么时候发生效力

总　结

在《哥达纲领批判》中，马克思逐条剖析《哥达纲领》草案的条文，以论战形式——驳斥了《哥达纲领》草案的错误观点：

批判《哥达纲领》草案鼓吹拉萨尔“分配决定论”的错误，阐明了共产主义第一阶段——社会主义社会的总产品和个人消费品的“按劳分配”原则和共产主义高级阶段——共产主义社会“按需分配”原则；

批判《哥达纲领》草案中“劳动是一切财富和一切文化的源泉”、“有益的劳动只有在社会中和通过社会才是可能的”[①] 的错误观点，一针见血地指出：“劳动不是一切财富的源泉”，劳动只有在具备了劳动对象和劳动工具的条件下进行，才能创造出财富。资产阶级为了掩盖资本主义的剥削实质，避而不谈生产资料这一生产、创造财富的先决条件，实际上是让工人阶级在不触动生产资料私有制的前提下进行革命；

批判《哥达纲领》草案诬蔑农民是“反动的一帮”[②]，阐明了农民是无产阶级的可靠同盟军；

批判《哥达纲领》中散布的资产阶级狭隘民族主义，阐明了无

---

① 马克思恩格斯.《马克思恩格斯选集》（第三卷）北京：人民出版社，1972：第5页

② 马克思恩格斯.《马克思恩格斯选集》（第三卷）北京：人民出版社，1972：第13页

产阶级的国际主义原则；

批判了拉萨尔所谓"铁的工资规律"① 是与英国"马尔萨斯人口论"一脉相承的庸俗工资理论，重新阐述了《资本论》中的工资理论和剩余价值学说，指出雇佣劳动制度、私有制才是无产阶级贫困化的深刻根源；

批判了拉萨尔依靠现存"国家帮助"建立"生产合作社"的幻想②，指出只有通过无产阶级的阶级斗争才能建设一个新社会；

批判了《哥达纲领》草案争取"自由国家"的资产阶级民主要求③，指出合法手段斗争、向现存国家提出自己要求，是民主主义的废话、幻想，资本主义国家不是"千年王国"，通过无产阶级革命夺取国家政权，实现无产阶级的革命专政，第一次阐明共产主义社会两个发展阶段的原理。

本书编写有五大特点：第一，详尽地介绍了《哥达纲领批判》的社会历史背景，包括当时德国的状况、德国社会民主党、拉萨尔机会主义、马克思主义在当时欧洲的发展等，即辅导阅读部分的内容；第二，本书的原著解读部分是按照《哥达纲领批判》的逻辑结构，逐章逐节逐段逐句地讲解，用楷体字引用一段原文，用宋体字讲解一段。这样会让我们更加深入、细致、全面地把握《哥达纲领批判》的思想内容；第三，本书不仅仅停留于对《哥达纲领批判》的简单解读，对于理论重点在理论精读部分又进行了深入的分析；

---

① 马克思恩格斯.《马克思恩格斯选集》（第三卷）北京：人民出版社，1972：第 16 页

② 马克思恩格斯.《马克思恩格斯选集》（第三卷）北京：人民出版社，1972：第 18 页

③ 马克思恩格斯.《马克思恩格斯选集》（第三卷）北京：人民出版社，1972：第 19 页

第四，在了解《哥达纲领批判》基本思想的基础上，结合我国当前社会主义初级阶段的实际论述其现实意义；第五，拓展阅读中介绍了与《哥达纲领批判》相关的著作、文献以及背景知识。

附录:《哥达纲领批判》原文

德国工人党纲领批注

一

1. "劳动是一切财富和一切文化的源泉,而因为

有益的劳动只有在社会中和通过社会才是可能的,

所以劳动所得应当不折不扣和按照平等的权利属于社会一切

成员。"

本段第一部分:"劳动是一切财富和一切文化的源泉。"

劳动不是一切财富的源泉。自然界同劳动一样也是使用价值(而物质财富就是由使用价值构成的!)的源泉,劳动本身不过是一种自然力即人的劳动力的表现。上面那句话在一切儿童识字课本里都可以找到,并且在劳动具备相应的对象和资料的前提下是正确的。可是,一个社会主义的纲领不应当容许这种资产阶级的说法回避那些唯一使这种说法具有意义的条件。只有一个人一开始就以所有者

的身分来对待自然界这个一切劳动资料和劳动对象的第一源泉，把自然界当作属于他的东西来处置，他的劳动才成为使用价值的源泉，因而也成为财富的源泉。资产者有很充分的理由硬给劳动加上一种超自然的创造力，因为正是由于劳动的自然制约性产生出如下的情况：一个除自己的劳动力以外没有任何其他财产的人，在任何社会的和文化的状态中，都不得不为另一些已经成了劳动的物质条件的所有者的人做奴隶。他只有得到他们的允许才能劳动，因而只有得到他们的允许才能生存。

现在不管这句话有什么毛病，我们且把它放在一边。那么结论应当怎样呢？显然应当是：

"因为劳动是一切财富的源泉，所以社会中的任何人不占有劳动产品就不能占有财富。因此，如果他自己不劳动，他就是靠别人的劳动生活，而且也是靠别人的劳动获得自己的文化。"

可是并没有这样做，反而借助于"而因为"这样的字眼硬接上第二句话，以便从第二句，而不是从第一句作出结论来。

本段第二部分："有益的劳动只有在社会中和通过社会才是可能的。"

按照第一句话，劳动是一切财富和一切文化的源泉，就是说，任何社会都不能离开劳动。相反地，我们现在却看到，任何"有益的"劳动都不能离开社会。

那么同样可以说，只有在社会中，无益的、甚至有损公益的劳动才能成为一种行业，只有在社会中才能游手好闲过日子，如此等等，——一句话，可以抄袭卢梭的全部著作了。

而什么是"有益的"劳动呢？那只能是产生预期的有益结果的劳动。一个蒙昧人（而人在他已不再是猿以后就是蒙昧人）用石头击毙野兽，采集果实等等，就是进行"有益的"劳动。

第三，结论："而因为有益的劳动只有在社会中和通过社会才是可能的，所以劳动所得应当不折不扣和按照平等的权利属于社会一切成员。"

多妙的结论！既然有益的劳动只有在社会中和通过社会才是可能的，劳动所得就应当属于社会，其中只有不必用来维持劳动"条件"即维持社会的那一部分，才归各个劳动者所得。

事实上，这个论点在——切时代都被当时的社会制度的先驱（注释：1891 年发表时这里是"捍卫者"。——编者注）提出过。首先要满足政府以及依附于它的各个方面的要求，因为政府是维持社会秩序的社会机关，其次要满足各种私有者（注释：1891 年发表时这里是"私有财产"。——编者注）的要求，因为各种私有财产是社会的基础，如此等等。你们看，这些空洞的词句是随便怎么摆弄都可以的。

本段第一和第二两部分只有像下面这样说才能有些合乎情理的联系：

"劳动只有作为社会的劳动"，或者换个说法，"只有在社会中和通过社会"，"才能成为财富和文化的源泉"。

这个论点无可争辩地是正确的，因为孤立的劳动（假定它的物质条件是具备的）即使能创造使用价值，也既不能创造财富，又不能创造文化。

但是另一个论点也是同样无可争辩的：

"随着劳动的社会性的发展，以及由此而来的劳动之成为财富和文化的源泉，劳动者方面的贫穷和愚昧、非劳动者方面的财富和文化也发展起来。"

这是直到目前的全部历史的规律。因此，不应当泛泛地谈论"劳动"和"社会"，而应当在这里清楚地证明，在现今的资本主义社会中怎样最终创造了物质的和其他的条件，使工人能够并且不得不铲除这个历史祸害（注释：1891年发表时这里是"社会祸害"。——编者注）。

实际上，把这整个行文和内容都不妥当的条文放在这里，只不过是为了把拉萨尔的"不折不扣的劳动所得"作为口号写在党旗的上方。以后我还要回过来谈"劳动所得""平等的权利"等等，因为同样的东西在下面又以稍微不同的形式重复出现。

2. "在现代社会，劳动资料为资本家阶级所垄断，由此造成的工人阶级的依附性是一切形式的贫困和奴役的原因。"

这段从国际章程中抄来的话！经过这番"修订"就变成错误的的了。（注释："劳动所得"是拉萨尔为了代替明确的经济学概念而提出的——国际工人协会临时章程中的原话是：劳动者在经济上受劳动资料即生活源泉的垄断者的支配，是一切形式的奴役即一切社会贫困、精神屈辱和政治依附的基础。——编者注。）

在现代社会，劳动资料为土地所有者和资本家所垄断（地产的垄断甚至是资本垄断的基础）。无论是前一个或者后一个垄断者阶级，国际章程在有关条文中都没有提到。它谈到的是"劳动资料即生活源泉的垄断"。"生活源泉"这一补充语充分表明，劳动资料也包括土地。

作这种修订，是因为拉萨尔由于现在大家都知道的原因仅仅攻击资本家阶级，而不攻击土地所有者。在英国，资本家甚至多半不是他的工厂所在的那块土地的所有者。

3. "劳动的解放要求把劳动资料提高为社会的公共财产，要求集体调节总劳动并公平分配劳动所得。"

"把劳动资料提高为公共财产"！应当是说把它们"变为公共财

产"。这不过是顺便提一句罢了。

什么是"劳动所得"呢？是劳动的产品呢，还是产品的价值？如果是后者，那么，是产品的总价值呢，或者只是劳动新加在消耗掉的生产资料的价值上的那部分价值？

"劳动所得"是拉萨尔为了代替明确的经济学概念而提出的一个模糊观念。

什么是"公平的"分配呢？

难道资产者不是断言今天的分配是"公平的"吗？难道它事实上不是在现今的生产方式基础上唯一"公平的"分配吗？难道经济关系是由法的概念来调节，而不是相反，从经济关系中产生出法的关系吗？难道各种社会主义宗派分子关于"公平的"分配不是也有各种极不相同的观念吗？

为了弄清楚"公平的分配"一语在这里是什么意思，我们必须把第一段和本段对照一下。本段设想的是这样一个社会，在那里"劳动资料是公共财产，总劳动是由集体调节的"，而在第一段我们则看到，"劳动所得应当不折不扣和按照平等的权利属于社会一切成员"。

"属于社会一切成员"？也属于不劳动的成员吗？那么"不折不扣的劳动所得"又在哪里呢？只属于社会中劳动的成员吗？那么社会一切成员的"平等的权利"又在哪里呢？

"社会一切成员"和"平等的权利"显然只是些空话。问题的实质在于：在这个共产主义社会中，每个劳动者都应当得到拉萨尔的"不折不扣的劳动所得"。

如果我们把"劳动所得"这个用语首先理解为劳动的产品，那么集体的劳动所得就是社会总产品。

现在从它里面应当扣除，

第一，用米补偿消耗掉的生产资料的部分。

第二，用来扩大生产的追加部分。

第三，用来应付不幸事故、自然灾害等的后备基金或保险基金。

从"不折不扣的劳动所得"中扣除这些部分，在经济上是必要的，至于扣除多少，应当根据现有的物资和力量来确定，部分地应当根据概率计算来确定，但是这些扣除无论如何根据公平原则是无法计算的。

剩下的总产品中的另一部分是用来作为消费资料的。

在把这部分进行个人分配之前，还得从里面扣除：

第一，同生产没有直接关系的一般管理费用。

同现代社会比起来，这一部分一开始就会极为显著地缩减，并随着新社会的发展而日益减少。

第二，用来满足共同需要的部分，如学校、保健设施等。

同现代社会比起来，这一部分一开始就会显著地增加，并随着新社会的发展而日益增长。

第三，为丧失劳动能力的人等等设立的基金，总之，就是现在属于所谓官办济贫事业的部分。

只有现在才谈得上纲领在拉萨尔的影响下狭隘地专门注意的那种"分配"，就是说，才谈得上在集体中的各个生产者之间进行分配的那部分消费资料。

"不折不扣的劳动所得"已经不知不觉地变成"有折有扣的"了，虽然从一个处于私人地位的生产者身上扣除的一切，又会直接或间接地用来为处于社会成员地位的这个生产者谋利益。

正如"不折不扣的劳动所得"一语消失了一样，现在，"劳动所得"一语本身也在消失。

在一个集体的、以生产资料公有为基础的社会中，生产者不交换自己的产品；用在产品上的劳动，在这里也不表现为这些产品的价值，不表现为这些产品所具有的某种物的属性，因为这时，同资本主义社会相反，个人的劳动不再经过迂回曲折的道路，而是直接作为总劳动的组成部分存在着。于是，"劳动所得"这个由于含义模糊就是现在也不能接受的用语，便失去了任何意义。

我们这里所说的是这样的共产主义社会，它不是在它自身基础上已经发展了的，恰好相反，是刚刚从资本主义社会中产生出来的，因此它在各方面，在经济、道德和精神方面都还带着它脱胎出来的那个旧社会的痕迹。所以，每一个生产者，在作了各项扣除以后，从社会领回的，正好是他给予社会的。他给予社会的，就是他个人的劳动量。例如，社会劳动日是由全部个人劳动小时构成的；各个生产者的个人劳动时间就是社会劳动日中他所提供的部分，就是社会劳动日中他的一份。他从社会领得一张凭证，证明他提供了多少劳动（扣除他为公共基金而进行的劳动），他根据这张凭证从社会储存中领得一份耗费同等劳动量的消费资料。他以一种形式给予社会的劳动量，又以另一种形式领回来。

显然，这里通行的是调节商品交换（就它是等价的交换而言）的同一原则。内容和形式都改变了，因为在改变了的情况下，除了自己的劳动，谁都不能提供其他任何东西，另一方面，除了个人的消费资料，没有任何东西可以转为个人的财产。至于消费资料在各个生产者中间的分配，那么这里通行的是商品等价物的交换中通行的同一原则，即一种形式的一定量劳动同另一种形式的同量劳动相交换。

所以，在这里平等的权利按照原则仍然是资产阶级权利，虽然原则和实践在这里已不再互相矛盾，而在商品交换中，等价物的交换只是平均来说才存在，不是存在于每个个别场合。

虽然有这种进步,但这个平等的权利总还是被限制在一个资产阶级的框框里。生产者的权利是同他们提供的劳动成比例的;平等就在于以同一尺度——劳动——来计量。但是,一个人在体力或智力上胜过另一个人,因此在同一时间内提供较多的劳动,或者能够劳动较长的时间;而劳动,要当作尺度来用,就必须按照它的时间或强度来确定,不然它就不成其为尺度了。这种平等的权利,对不同等的劳动来说是不平等的权利。它不承认任何阶级差别,因为每个人都像其他人一样只是劳动者;但是它默认,劳动者的不同等的个人天赋,从而不同等的工作能力,是天然特权。所以就它的内容来讲,它像一切权利一样是一种不平等的权利。权利,就它的本性来讲,只在于使用同一尺度;但是不同等的个人(而如果他们不是不同等的,他们就不成其为不同的个人)要用同一尺度去计量,就只有从同一个角度去看待他们,从一个特定的方面去对待他们,例如在现在所讲的这个场合,把他们只当作劳动者,再不把他们看作别的什么,把其他一切都撇开了。其次,一个劳动者已经结婚,另一个则没有;一个劳动者的子女较多,另一个的子女较少,如此等等。因此,在提供的劳动相同、从而由社会消费基金中分得的份额相同的条件下,某一个人事实上所得到的比另一个人多些,也就比另一个人富些,如此等等。要避免所有这些弊病,权利就不应当是平等的,而应当是不平等的。

但是这些弊病,在经过长久阵痛刚刚从资本主义社会产生出来的共产主义社会第一阶段,是不可避免的。权利决不能超出社会的经济结构以及由经济结构制约的社会的文化发展。

在共产主义社会高级阶段,在迫使个人奴隶般地服从分工的情形已经消失,从而脑力劳动和体力劳动的对立也随之消失之后;在劳动已经不仅仅是谋生的手段,而且本身成了生活的第一需要之后;在随着个人的全面发展，他们的（注释：1891 年发表时这里没有 "他们的"。——编者注）生产力也增长起来，而集体财富的一切源泉都充分涌流之后，——只有在那个时候，才能完全超出资产阶级权利的狭隘眼界，社会才能在自己的旗帜上写上：各尽所能，按需分配！

我较为详细地一方面谈到 "不折不扣的劳动所得"，另一方面谈到 "平等的权利" 和 "公平的分配"，是为了指出这些人犯了多么大的罪，他们一方面企图把那些在某个时期曾经有一些意义，而现在已变成陈词滥调的见解作为教条重新强加于我们党，另一方面又用民主主义者和法国社会主义者所惯用的、凭空想象的关于权利等等的废话，来歪曲那些花费了很大力量才灌输给党而现在已在党内扎了根的现实主义观点。

除了上述一切之外，在所谓分配问题上大做文章并把重点放在它上面，那也是根本错误的。

消费资料的任何一种分配，都不过是生产条件本身分配的结果；而生产条件的分配，则表现生产方式本身的性质。例如，资本主义生产方式的基础是：生产的物质条件以资本和地产的形式掌握在非劳动者手中，而人民大众所有的只是生产的人身条件，即劳动力。既然生产的要素是这样分配的，那么自然就产生现在这样的消费资料的分配。如果生产的物质条件是劳动者自己的集体财产，那么同样要产生一种和现在不同的消费资料的分配。庸俗的社会主义仿效资产阶级经济学家（一部分民主派又仿效庸俗社会主义）把分配看成并解释成一种不依赖于生产方式的东西，从而把社会主义描写为主要是围绕着分配兜圈子。既然真实的关系早已弄清楚了，为什么又要开倒车呢？

4. "劳动的解放应当是工人阶级的事情，对它说

来，其他一切阶级只是反动的一帮。"

前一句是从国际章程的导言中抄来的，但是经过了 "修订"。那

里写道:"工人阶级的解放应当是工人自己的事情"(注释:国际章程导言中的原话是:工人阶级的解放应该由工人阶级自己去争取。见《马克思恩格斯全集》第16卷第15页。——编者注);这里却说"工人阶级"应当解放——解放什么?——"劳动"。谁能理解,就让他去理解吧。

另一方面,作为补偿,后一句引用了地道的拉萨尔的话:"对它(工人阶级)说来,其他一切阶级只组成反动的一帮。"

在《共产党宣言》中写道:"在当前同资产阶级对立的一切阶级中,只有无产阶级是真正革命的阶级。其余的阶级都随着大工业的发展而日趋没落和灭亡,无产阶级却是大工业本身的产物。"(注释:见本选集第1卷第282页。——编者注)

资产阶级,作为大工业的体现者,对封建主和中间等级说来,在这里是被当作革命阶级看待的,而封建主和中间等级力求保持过时的生产方式所创造的一切社会阵地。所以他们并不是同资产阶级一起只组成反动的一帮。

另一方面,无产阶级对资产阶级说来是革命的,因为无产阶级本身是在大工业基地上成长起来的,它力求使生产摆脱资产阶级企图永远保存的资本主义性质。但是,《宣言》又补充说:"中间等级……是革命的,那是鉴于他们行将转入无产阶级的队伍"(注释:见本选集第1卷第282页。——编者注)。

所以,从这个观点看来,说什么对工人阶级说来,中间等级"同资产阶级一起"并且加上封建主"只组成反动的一帮",这也是荒谬的。

难道在最近这次选举[91]中有人向手工业者、小工业家等等以及农民说过:对我们说来,你们同资产者和封建主一起只组成反动的一帮吗?

　　拉萨尔熟知《共产党宣言》，就像他的信徒熟知他写的福音书一样。他这样粗暴地歪曲《宣言》，不过是为了粉饰他同专制主义者和封建主义者这些敌人结成的反资产阶级联盟。

　　此外，在上面这一段，他的格言是勉强塞进去的，它同那句从国际章程中摘来但被歪曲了的引语毫不相干。这纯粹是一种狂妄无耻的做法，而且绝对不是俾斯麦先生所不喜欢的，这是柏林的马拉所干的廉价的蛮横行径之一。

　　5.“工人阶级为了本身的解放，首先是在现代民

　　族国家的范围内进行活动，同时意识到，它的为一切

　　文明国家的工人所共有的那种努力必然产生的结果，

　　将是各民族的国际的兄弟联合。”

　　同《共产党宣言》和先前的一切社会主义相反，拉萨尔从最狭隘的民族观点来理解工人运动。有人竟在这方面追随他，而且这是在国际进行活动以后！

　　不言而喻，为了能够进行斗争，工人阶级必须在国内作为阶级组织起来，而且它的直接的斗争舞台就是本国。所以，它的阶级斗争不就内容来说，而像《共产党宣言》所指出的“就形式来说”，是本国范围内的斗争。但是，“现代民族国家的范围”，例如德意志帝国，本身又在经济上处在“世界市场的范围内”，在政治上“处在国家体系的范围内”。任何一个商人都知道德国的贸易同时就是对外贸易，而俾斯麦先生的伟大恰好在于他实行一种国际的政策。

　　而德国工人党把自己的国际主义归结为什么呢？就是意识到它的努力所产生的结果“将是各民族的国际的兄弟联合”。这句从资产阶级的和平和自由同盟那里抄来的话，是要用来代替各国工人阶级在反对各国统治阶级及其政府的共同斗争中的国际兄弟联合的。这样，关于德国工人阶级的国际职责竟一字不提！德国工人阶级竟然应当这样

去对付为反对它而已经同其他一切国家的资产者实现兄弟联合的本国资产阶级，对付俾斯麦先生的国际阴谋政策！

实际上，这个纲领的国际信念，比自由贸易派的国际信念还差得难以估量。自由贸易派也说，它的努力所产生的结果是"各民族的国际的兄弟联合"。但是它还做一些事使贸易成为国际性的，而决不满足于意识到一切民族只在本国从事贸易。

各国工人阶级的国际活动绝对不依赖于"国际工人协会"的存在。"国际工人协会"只是为这种活动创立一个中央机关的第一个尝试；这种尝试由于它所产生的推动力而留下了不可磨灭的成绩，但是在巴黎公社失败之后，已经不能再以它的第一个历史形态继续下去了。

俾斯麦的《北德报》为了使其主子满意，宣称德国工人党在新纲领中放弃了国际主义，这倒是完全说对了。

二

"德国工人党从这些原则出发，用一切合法手段去争取

建立自由国家——和——社会主义社会：废除工资制度连同

铁的工资规律——和——任何形式的剥削，消除一切社会的和

政治的不平等。"

关于"自由"国家，我后面再讲。

这样，德国工人党将来就必须信奉拉萨尔的"铁的工资规律"了！为了不让它埋没掉，竟胡说什么"废除工资制度（应当说：雇佣劳动制度）连同铁的工资规律"。如果我废除了雇佣劳动，我当然也就废除了它的规律，不管这些规律是"铁的"还是海绵的。但是拉萨尔反对雇佣劳动的斗争几乎只是围绕着这个所谓的规律兜圈子。所以，为了证明拉萨尔宗派已经获得胜利，应当废除"工资制度连同铁的工资规律"，而不是不连同后者。

　　大家知道，在"铁的工资规律"中，除了从歌德的"永恒的、铁的、伟大的规律"中抄来的"铁的"这个词以外，没有什么东西是拉萨尔的。"铁的"这个词是正统的信徒们借以互相识别的一个标记。但是，如果我接受带有拉萨尔印记因而是拉萨尔所说的意义上的规律，我就不得不连同他的论据一起接受下来。这个论据是什么呢？正如朗格在拉萨尔死后不久所表明的，这就是（朗格自己宣扬的）马尔萨斯的人口论。但是，如果这个理论是正确的，那么，我即使把雇佣劳动废除一百次，也还废除不了这个规律，因为在这种情况下，这个规律不仅支配着雇佣劳动制度，而且支配着一切社会制度。经济学家们五十多年以来正是以此为根据证明，社会主义不能消除自然本身造成的贫困，而只能使它普遍化，使它同时分布在社会的整个表面上！

　　但是，这一切都不是主要的。完全撇开拉萨尔对这个规律的错误表述不谈，真正令人气愤的退步在于：

　　自从拉萨尔死后，在我们党内，这样一种科学见解已经给自己开辟了道路，就是工资不是它表面上呈现的那种东西，不是劳动的价值或价格，而只是劳动力的价值或价格的隐蔽形式。这样，过去关于工资的全部资产阶级见解以及对这种见解的全部批评都被彻底推翻了，并且弄清了：雇佣工人只有为资本家（因而也为同资本家一起分享剩余价值的人）白白地劳动一定的时间，才被允许为维持自己的生活而劳动，就是说，才被允许生存；整个资本主义生产体系的中心问题，就是用延长工作日，或者提高生产率，增强劳动力的紧张程度等等办法，来增加这个无偿劳动，因此，雇佣劳动制度是奴隶制度，而且劳动的社会生产力越发展，这种奴隶制度就越残酷，不管工人得到的报酬较好或是较坏。而现在，当这个见解在我们党内越来越给自己开辟出道路的时候，竟有人倒退到拉萨尔的教条那里去，虽然他们应当知道，拉萨尔并不懂得什么是工资，而是跟着资产阶级经济学家把事物的外表当作事物的本质。

这正像奴隶们终于发现了自己受奴役的秘密而举行起义时，其中有一个为陈旧观念所束缚的奴隶竟在起义的纲领上写道：奴隶制度必须废除，因为在奴隶制度下，奴隶的给养最多不能超过某个非常低的标准！

我们党的代表们竟如此粗暴地践踏这个在党员群众中广泛传播的见解，仅仅这一事实岂不就证明了他们在草拟妥协纲领时是多么令人不能容忍地轻率，多么无耻！

本段末尾"消除一切社会的和政治的不平等"这一不明确的语句，应当改成：随着阶级差别的消灭，一切由这些差别产生的社会的和政治的不平等也自行消失。

三

"为了替社会问题的解决开辟道路，德国工人党
要求在劳动人民的民主监督下，依靠国家帮助建立
生产合作社。在工业和农业中，生产合作社必须广泛
建立，以致能从它们产生总劳动的社会主义的组织。"

在拉萨尔的"铁的工资规律"之后，就是这个先知提出的救世良方！"道路"确实"开辟"得不错！现存的阶级斗争被换上了拙劣的报刊作家的空话——要"开辟道路"来"解决"的"社会问题"。"总劳动的社会主义的组织"不是从社会的革命转变过程中，而是从国家给予生产合作社的"国家帮助"中"产生"的，并且这些生产合作社是由国家而不是由工人"建立"的。这真不愧为拉萨尔的幻想：靠国家贷款能够建设一个新社会，就像能够建设一条新铁路一样！

由于还知道一点羞耻，于是就把"国家帮助"置于——"劳动人民的民主监督下"。

第一，德国的"劳动人民"大多数是农民而不是无产者。

第二，"民主的"这个词在德语里意思是"人民当权的"。什么是"劳动人民的人民当权的监督"呢？何况所说的是这样的劳动人民，他们通过向国家提出的这些要求表明，他们充分意识到自己既没有当权，也没有成熟到当权的程度！

在这里深入批评毕舍在路易－菲力浦时代为了对付法国社会主义者而开列的、被《工场》派的反动工人所采用的药方，那是多余的。主要的过失不在于把这个特殊的万灵药方写入了纲领，而在于从阶级运动的立场完全退到宗派运动的立场。

如果说工人们想要在社会的范围内，首先是在本国的范围内创造合作生产的条件，这只是表明？他们力争变革现存的生产条件，而这同靠国家帮助建立合作社毫无共同之处！至于现有的合作社，它们只是在工人自己独立创办，既不受政府保护，也不受资产者保护的情况下，才有价值。

四

现在我来谈民主的一节。

A. "国家的自由的基础。"

首先，照第二节的说法，德国工人党争取建立"自由国家"。

自由国家，这是什么东西？

使国家变成"自由的"，这决不是已经摆脱了狭隘的臣民见识的工人的目的。在德意志帝国，"国家"几乎同在俄国一样地"自由"。自由就在于把国家由一个高踞社会之上的机关变成完全服从这个社会的机关；而且就在今天，各种国家形式比较自由或比较不自由，也取决于这些国家形式把"国家的自由"限制到什么程度。

德国工人党——至少是当它接受了这个纲领的时候——表明：它

对社会主义思想领会得多么肤浅,它不把现存社会(对任何未来社会也是一样)当作现存国家的(对未来社会来说是未来国家的)基础,反而把国家当作一种具有自己的"精神的、道德的、自由的基础"的独立存在物。

而且纲领还荒谬地滥用了"现代国家""现代社会"等字眼,甚至更荒谬地误解了向之提出自己要求的那个国家!

"现代社会"就是存在于一切文明国度中的资本主义社会,它或多或少地摆脱了中世纪的杂质,或多或少地由于每个国度的特殊的历史发展而改变了形态,或多或少地有了发展。"现代国家"却随国境而异。它在普鲁士德意志帝国同在瑞士不一样,在英国同在美国不一样。所以,"现代国家"是一种虚构。

但是,不同的文明国度中的不同的国家,不管它们的形式如何纷繁,却有一个共同点:它们都建立在现代资产阶级社会的基础上,只是这种社会的资本主义发展程度不同罢了。所以,它们具有某些根本的共同特征。在这个意义上可以谈"现代国家制度",而未来就不同了,到那时"现代国家制度"现在的根基即资产阶级社会已经消亡了。

于是就产生了一个问题:在共产主义社会中国家制度会发生怎样的变化呢?换句话说,那时有哪些同现在的国家职能相类似的社会职能保留下来呢?这个问题只能科学地回答;否则,即使你把"人民"和"国家"这两个词联接一千次,也丝毫不会对这个问题的解决有所帮助。

在资本主义社会和共产主义社会之间,有一个从前者变为后者的革命转变时期。同这个时期相适应的也有一个政治上的过渡时期,这个时期的国家只能是无产阶级的革命专政。

但是,这个纲领既不谈无产阶级的革命专政,也不谈未来共产主义社会的国家制度。

纲领的政治要求除了人所共知的民主主义的陈词滥调，如普选权、直接立法、人民权利、国民军等等，没有任何其他内容。这纯粹是资产阶级的人民党、和平和自由同盟的回声。所有这些要求，只要不是靠幻想夸大了的，都已经实现了。不过实现了这些要求的国家不是在德意志帝国境内，而是在瑞士、美国等等。这类"未来国家"就是现代国家，虽然它是存在于德意志帝国的"范围"以外。

但是他们忘记了一点。既然德国工人党明确地声明，它是在"现代民族国家"内，就是说，是在自己的国家即普鲁士德意志帝国内进行活动，——否则，它的大部分要求就没有意义了，因为人们只要求他们还没有的东西，——那么，它就不应当忘记主要的一点，就是说，这一切美妙的玩意儿都建立在承认所谓人民自主权的基础上，所以它们只有在民主共和国内才是适宜的。

既然他们没有勇气（注释：1891 年发表时这里是"既然他们不可能"。——编者注）像法国工人纲领在路易－菲力浦和路易－拿破仑时代那样要求民主共和国，——而这是明智的，因为形势要求小心谨慎，——那就不应当采取这个既不"诚实"也不体面的（注释：1891 年发表时删去了"既不'诚实'也不体面的"这几个字。——编者注）手法：居然向一个以议会形式粉饰门面、混杂着封建残余、同时已经受到资产阶级影响、按官僚制度组成、以警察来保护的军事专制国家，要求只有在民主共和国里才有意义的东西，并且还向这个国家庄严地保证，他们认为能够"用合法手段"从它那里争得这类东西！（注释：1891 年发表时删去了"并且……这类东西！"这半句话。——编者注）

庸俗民主派把民主共和国看作千年王国，他们完全没有想到，正是在资产阶级社会的这个最后的国家形式里阶级斗争要进行最后的决战,——就连这样的庸俗民主派也比这种局限于为警察所容许而为逻辑所不容许的范围内的民主主义高明得多。

事实上,他们是把"国家"理解为政府机器,或者理解为构成一个由于分工而同社会分离的独特机体的国家,这可以从下面的话得到证明,"德国工人党提出下列要求作为国家的经济的基础;……交纳单一的累进所得税……"赋税是政府机器的经济的基础,而不是其他任何东西的经济的基础。在存在于瑞士的"未来国家"里,这种要求差不多已经实现了。所得税是以不同社会阶级的不同收入来源为前提,因而是以资本主义社会为前提。所以,利物浦的财政改革派——以格莱斯顿的弟弟为首的资产者——提出和这个纲领相同的要求,这是不足为奇的。

B. "德国工人党提出下列要求作为国家的精神

的和道德的基础:

1. 由国家实行普遍的和平等的国民教育。实行普遍

的义务教育。实行免费教育。"

平等的国民教育?他们怎样理解这句话呢?是不是以为在现代社会中(而所谈到的只能是现代社会)教育对一切阶级都可以是平等的呢?或者是要求用强制的方式使上层阶级也降到国民学校这种很低的教育水平,即降到仅仅适合于雇佣工人甚至农民的经济状况的教育水平呢?

"实行普遍的义务教育。实行免费教育。"前者甚至存在于德国,后者就国民学校来说存在于瑞士和美国。如果说,在美国的几个州里,"高一级的"学校也是"免费的",那么,事实上这不过是从总税收中替上层阶级支付了教育费用而已。顺便指出,A 项第 5 条所要求的"实行免费诉讼"也是如此。刑事诉讼到处都是免费的,而民事诉讼几乎只涉及财产纠纷,因而几乎只同有产阶级有关。难道他们应当用

人民的金钱来打官司吗?

在关于学校的一段中,至少应当把技术学校(理论的和实践的)同国民学校联系起来提出。

"由国家实行国民教育"是完全要不得的。用一般的法律来确定国民学校的经费、教员资格、教学科目等等,并且像美国那样由国家视察员监督这些法律规定的实施,这同指定国家为人民的教育者完全是两回事!相反地,应当把政府和教会对学校的任何影响都同样排除掉。在普鲁士德意志帝国(他们会说,他们谈的是"未来国家",但是这种空洞的遁辞也无济于事;我们已经看到,这是怎样一回事了),倒是需要由人民对国家进行极严厉的教育。

但是整个纲领,尽管满是民主的喧嚣,却彻头彻尾地感染了拉萨尔宗派对国家的忠顺信仰,或者说感染了并不比前者好一些的对民主奇迹的信仰,或者说得更正确些,整个纲领是这两种对奇迹的信仰的妥协,这两种信仰都同样远离社会主义。

"科学自由"——普鲁士宪法中有一条就是这样写的。为什么把它写在这里呢?

"信仰自由"!如果现在,在进行文化斗争的时候,要想提醒自由主义者记住他们的旧口号,那么只有采用下面这样的形式才行:每一个人都应当有可能满足自己的宗教需要,就像满足自己的肉体需要一样(注释:1891年发表时这里是"满足自己的宗教需要……"——编者注),不受警察干涉。但是,工人党本来应当乘此机会说出自己的看法:资产阶级的"信仰自由"不过是容忍各种各样的宗教信仰自由而已,工人党则力求把信仰从宗教的妖术中解放出来。但是他们不愿越过"资产阶级的"水平。

现在我就要讲完了,因为纲领中接下去的附带部分不是纲领的重要组成部分。所以我在这里只简单地谈一谈。

2."正常的工作日。"

其他任何国家的工人党都没有局限于这种含糊的要求,而总是明确地指出,在当前条件下多长的工作日是正常的。

3."限制妇女劳动和禁止儿童劳动。"

如果限制妇女劳动指的是工作日的长短和工间休息等等,那么工作日的正常化就应当已经包括了这个问题;否则,限制妇女劳动只能意味着在那些对妇女身体特别有害或者对女性来说违反道德的劳动部门中禁止妇女劳动。如果指的是这一点,那就应当说清楚。

"禁止儿童劳动"!这里绝对必须指出年龄界限。

普遍禁止儿童劳动是同大工业的存在不相容的,所以这是空洞的虔诚的愿望。

实行这一措施——如果可能的话——是反动的,因为在按照不同的年龄阶段严格调节劳动时间并采取其他保护儿童的预防措施的条件下,生产劳动和智育的早期结合是改造现代社会的最强有力的手段之一。"

4."对工厂工业、作坊工业和家庭工业实行国家监督。"

在普鲁士德意志这样一个国家里,应当明确地要求:工厂视察员只有经过法庭才能撤单;每个工人都可以向法庭告发视察员的失职行为;视察员必须是医生。

5."调整监狱劳动。"

在一个一般性的工人纲领里面,这是一种微不足道的要求。无论如何应当明白说出,工人们不愿意由于担心竞争而让一般犯人受到牲畜一样的待遇,特别是不愿意使他们失掉改过自新的唯一手段即生产劳动。这是应当期望于社会主义者的最低限度的东西。

6."实行有效的责任法。"

应当说明,"有效的"责任法是什么意思。

　　顺便指出，在正常的工作日这一条中，忽略了工厂立法中关于卫生设施和安全措施等等那一部分。只有当这些规定遭到破坏时，责任法才发生效力。

　　总之，这一附带部分也是写得很草率的。（注释：1891 年发表时删去了这句话。——编者注）

　　我已经说了，我已经拯救了自己的灵魂。

写于 1875 年 4 月底—5 月初　　　　原文是德文

摘要载于 1890—1891 年《新时代》　　选自《马克思恩格斯全集》

杂志第 1 卷第 18 期　　　　　　　　第 19 卷第 15～35 页

后　记

　　本书即将付梓。回想本书的写作，在这段紧张而又充满激情的日子里，每每我们师生二人为了所研究的问题秉烛夜谈，心中总有波澜，产生过强烈的思想共鸣，亦在争论中碰撞出思想的火花，常常是"山重水复疑无路，柳暗花明又一村"！

　　令我们感到欣慰的是，我们对马克思《哥达纲领批判》的阐释、解读力求全面、详尽，它不只是对《哥达纲领批判》重要思想观点的归纳、提炼突出和介绍，它几乎是对《哥达纲领批判》原文逐句的解读。

　　我们试图还原马克思当年写作的社会历史背景，把《哥达纲领批判》放到19世纪70年代刚刚统一的普鲁士封建专制德国，放到德国工人运动的两大派别——拉萨尔派、爱森纳赫派合并组建新党——德国社会主义工人党，放到马克思主义与拉萨尔机会主义斗争的实践中，去理解马克思《哥达纲领批判》思想主张的正确性。我们仿佛感受到当年火热、激烈的阶级斗争、工人运动，聆听到马克思对德国工人运动的关切指导、谆谆告诫……

　　相信本书对于学习马克思《哥达纲领批判》会有所裨益。

薛萍　孙小杰

2014 年元月